南九州の「龍」

「龍柱」から「石製龍」まで　その諸相と展開

橋口　尚武 著

みやざき文庫143

目次

二、彩色された本殿守護の龍について　41

三、南九州の木目のままの龍について　53

一、鹿児島市内の石製龍　83

二、鹿児島県内の石製龍　94

第2部　全国主要寺社の「龍」 123

六、全国主要寺院の龍について 125

七、全国主要神社の龍について

第1部

南九州の「龍」

一、南九州の龍柱について

はじめに

鹿児島神宮の宝物展示に出かけたその際、拝殿の両側に龍の彫刻があることに気づき、取材のお願いをした。拝殿を昇ってみると□形の昇龍であることを改めて知る。この両角に前肢をだした龍がいて右が阿形《あぎょう》、左が吽形《うんぎょう》であった。早速、写真撮影を申し込みその場で承諾をえることができた。撮影後に龍の爪数を確認すると三爪であった。

その後、霧島神宮の龍柱の龍も三爪であろうと想定し取材を申し込むと、ここでも三爪であった。原則として吽形が玉を三爪で握る。このパターンは変わることはなかった。

この時点で鹿児島民具学会会長の下野敏見氏に助言を請うたところ、鹿児島の四大神社に龍柱があるとのこと、早速、出かけることにした。新田神社でのこと、宮司の種子田敬さんから「薩摩藩における近世神社本殿の巻龍柱に関する研究」（吉満史絵　二〇〇二年）という卒業論文を提示され、拝借することになった。

この卒業論文によって龍柱のある神社の規模とその分布をある程度押さえることができて、

大きな恩恵を受けることになった。ただ、龍の爪数については何の記載もなく、改めて調査を開始することになった。

指宿神社を訪れる機会があり、宮司さんから蒲生八幡神社にも龍柱があることを聞き早速取材にお邪魔することになった。さらに、二〇一七年の宮崎県考古学会総会で発表する機会をえたが、小林市の神社にもあるという発言を赤塚氏からいただき、後日、霧島岑神社の龍柱について調査を行った。

その結果は全体の分布図として後掲（図1―1）するが、吉満史絵氏よりも龍柱のある神社が少し多くなった。なお、写真の掲載にあたって龍柱の下半身の相当部分をカットせざるを得なかった。了承願いたい。

(1) 新田神社（薩摩川内市宮内町の可愛丘陵にある）

祭神は中尊が天津日高彦火瓊瓊杵尊《あまつひだかひこほににぎのみこと》で左右にも祭神がいる。旧国幣中社。「新田宮縁起」にも創建時期についての記載はない。また、「延喜式」神名帳の薩摩二座は加紫久利神社と枚聞神社も記載。諸史料から平安時代後期に新田神社が存在していたことは確実であるという。

承安三年（一一七三）十二月に全焼し、一三世紀代まで放置されたという。一方、建久五年（一一九四）の記録には「八幡弥勒寺御領薩摩新田□□」とみえ、八幡新田とか新田八幡宮などと呼ばれていたようだ。

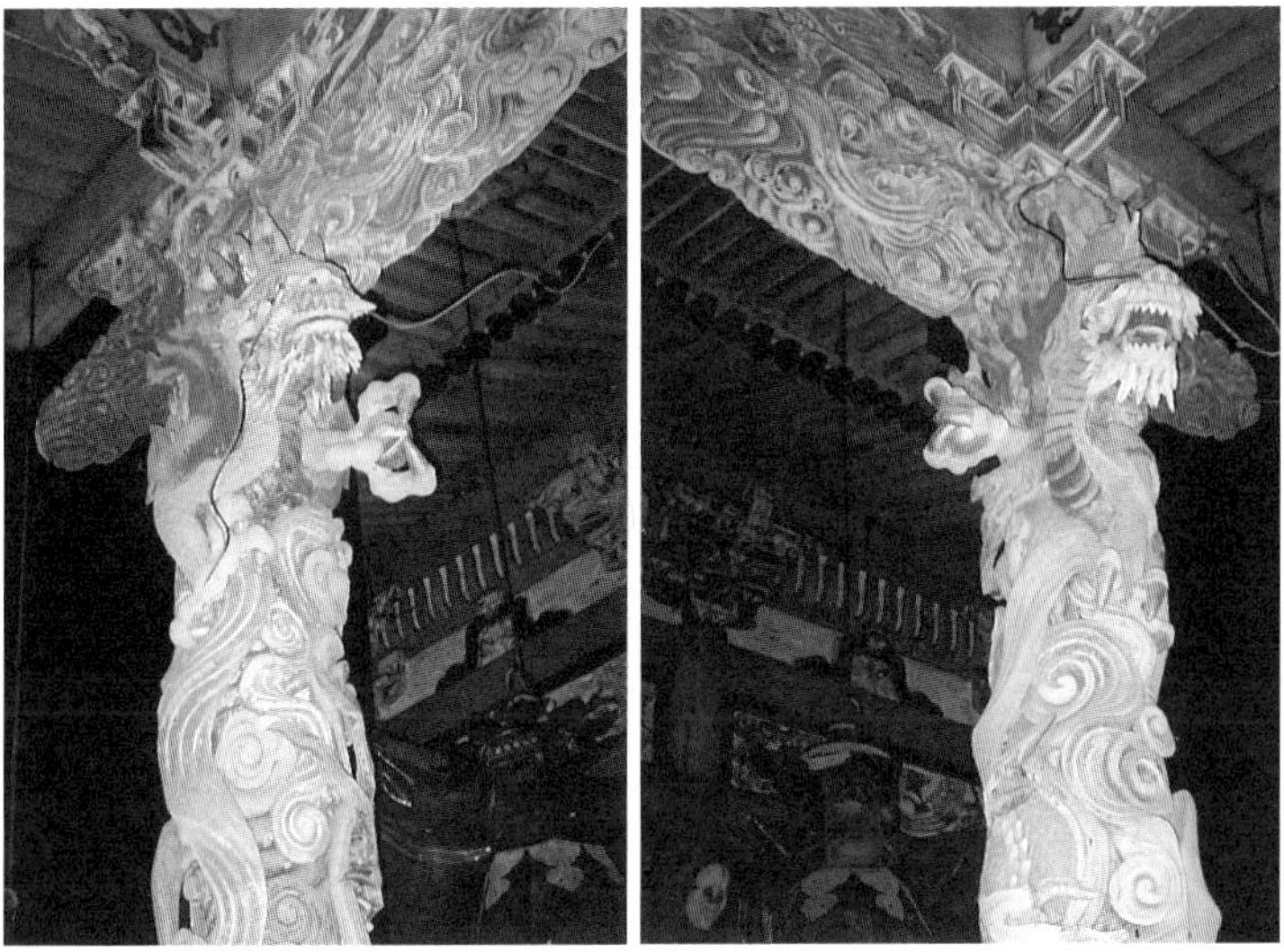

［写真1-1］新田神社の龍柱（右：阿形、左：吽形。阿吽ともに金玉を握る）

鎌倉時代後期の蒙古襲来の折、難を退けたのは神威であるとして幕府は諸国の「一の宮」に神馬一頭と剣一腰を奉納するにあたり、当時、新田神社と枚聞神社のどちらが薩摩一の宮なのかの係争中で、守護島津忠宗（一二五一―一三二五）は取り敢えず新田神社に奉納した（正応六年〈一二九三〉四月）。これによって新田神社の一の宮認定に大きく傾き、文献では元享四年（一三二四）に薩摩一の宮新田神社と記されるようになった。鎌倉時代後期には社殿の建設も進み名実ともに薩摩を代表する神社となった。

天正六年（一五七八）四月、豊臣秀吉軍は九州平定の際、新田神社のある水引宮内に禁制の札を建て、兵船軍勢の乱防・狼藉・放火を禁じている。また、朝鮮出兵の際、祈願する者も多かった。慶長六―七年（一六〇一―一二）

に島津義久（在位一五六六―一六一二）も社殿の修理を行っている。

現在の社殿は、嘉永三年（一八五〇）になって第二十七代の島津斉興（在位一八〇九―五九）の代に改築したものである。本殿・拝殿・舞殿・勅使殿・両摂社は鹿児島県指定文化財である。国宝の青銅鏡の他多くの鏡を有する。別当寺は五代院である。

なお、平成十年の川内歴史資料館（薩摩川内市）の特別展『新田神社宝物展』によれば、言い伝えとして新田神社の龍柱は宮之城の仏師・大磯作弥（作也のこと）とある。阿吽の両方の龍で邪気を祓う意味があり、両方とも玉を握る（写真1―1）。

大磯作也とは大磯家では三代続いて名乗っており、大磯家の歴史と史料を調べた小倉一雄氏の資料「宮之城の佛師大磯作也」（年代不詳）によれば、初代の作也は大磯徳幾（一七〇四―七七）、次代が大磯徳包（一七三七―九二）、三代の作也は徳奥（一七九一―一八五四）となり、このうち新田神社の改修の際にこの龍柱を設置するとすれば、島津斉興の改築時ということになろう。さすれば三代目であろう。

(2) 枚聞《ひらきき》神社（指宿市開聞十町）

開聞岳を神体とする神社で拝殿の前に立つと開聞岳がみえる。旧国幣小社。「延喜式」神名帳による薩摩国二座のうちの一つ。祭神は大日孁貴神《おおひるめむちのみこと》を中心にあと八座もある。

貞観十六年（八七四）に開聞岳の噴火が起こり、その原因が開聞岳の昇叙の願いと分かり、元慶六年（八八二）正四位下となる。また、仁和元年（八八五）にも噴火があり朝廷は陰陽寮に卜占させている。

近世になると開聞岳は南海交易の山当てとなり、海門ともいわれ島津氏による保護を受け、社殿の修理・再建などに田畑が寄進された。慶長十五年（一六一〇）には本殿・幣殿・長丁・拝殿・神饌所・勅使殿・手水舎・社務所・神庫・授け所・鳥居など主要建造物を再建、天明七年（一七八七）にも修理が行われた。別当寺は瑞応院である。

なお、龍柱は、造士館や医学院・天文観察の施設など多くの業績を残した第二十五代島津重《しげ》豪《ひで》（在位一七五五―八七）が四二歳の厄を祓うため天明六年に本殿を再興したときに取り付けたものという。その史料は枚聞神社で保管されている。本殿は鹿児島県指定文化財。

江戸後期の勤王家でもある高山彦九郎（一七四七―九三）は開聞岳に登り、その記録を旅行記の『筑紫日記』に残している。枚聞神社の社領は二〇〇石と記し、その日は神主の家に宿泊している。

龍柱は拝殿から本殿への廊下にあって、その廊下が短くやや窮屈な感じのする龍柱となっている。玉は阿形の胎内か、三爪が出ているのでそこにあったのかもしれない。

(3) 蒲生八幡神社（姶良市蒲生町久徳）

蒲生八幡神社には以前から鬼瓦や鏡などの取材で何度も出かけていたが、龍柱があることは

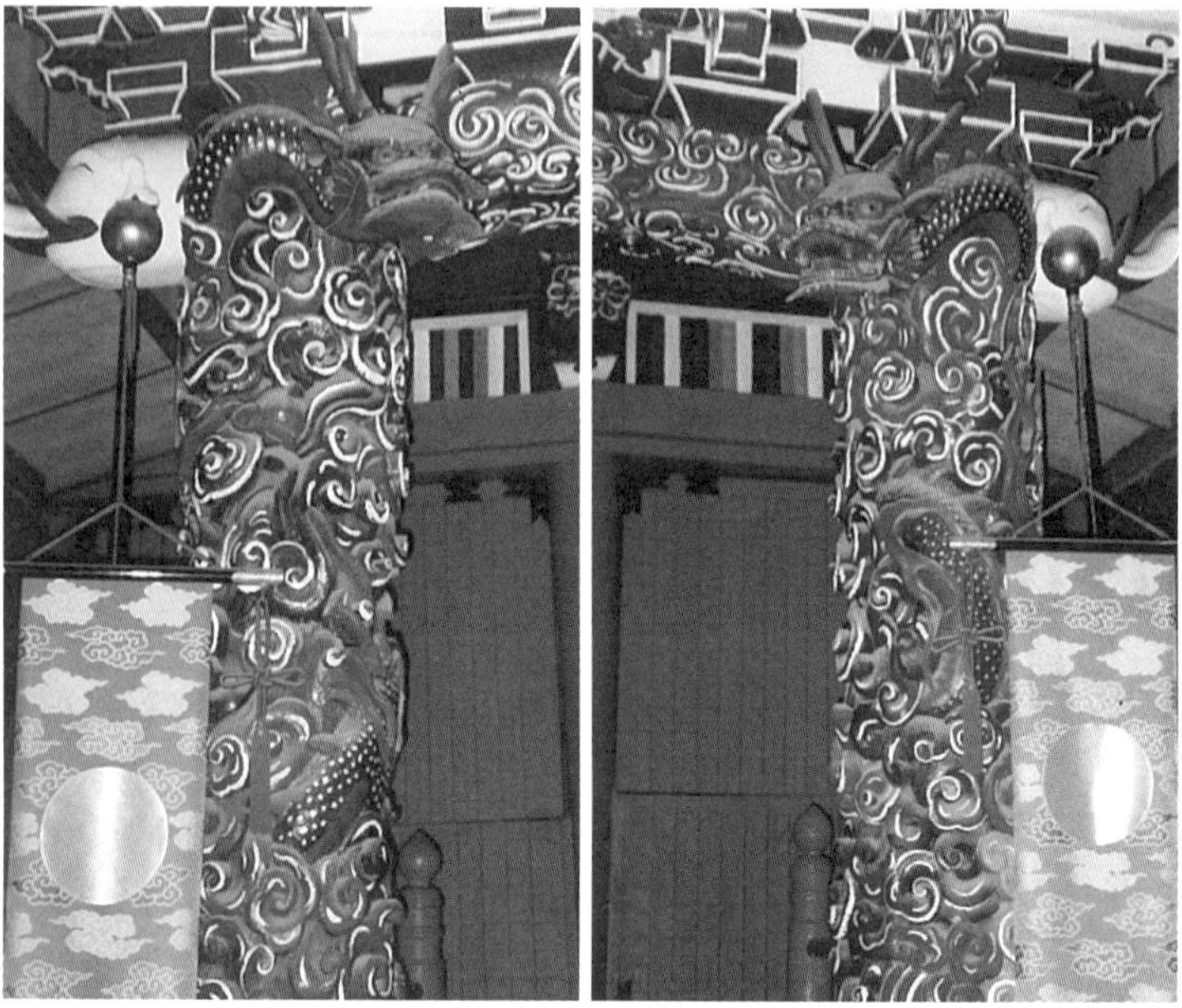

［写真1-2］蒲生八幡神社の龍柱（右：阿形、左：吽形。胎内に三爪と玉あり）

知らなかった。指宿神社へ出かけた際、宮司さんからの教示によりその存在を知った。早速、取材を申し込み写真撮影を行った。今までみた極彩色の龍柱に比べてやや地味ではあるが立派な龍柱である。

この蒲生八幡神社は応神天皇・仲哀天皇・神后皇后の三神をまつり、旧県社。かつては正八幡宮と称され、『三国名勝図絵』（天保十四年〈一八四三〉）によると、上総介藤原舜清、隅州下大隅に下向し若宮八幡を奉祀し、保安四年（一一二三）四月二十一日、今の地に勧請した。その重清は豊前宇佐郡の人で父は宇佐宮留守職とされる。当然のように蒲生氏の保護をうけた。宝物は鎌倉時代から室町時代のものに限定されるという。おそらく蒲生氏の援助によるものであろう。

蒲生氏滅亡後は島津貴久（一五一四―一五七一）・義久（一五三三―一六一一）・義弘（一五三五―一六一九）らも敬礼し社殿の再興に努めたという。なお、天明四年（一七八四）に再建されている。

龍柱は拝殿と本殿の間にあり、鹿児島県内の他の龍柱と比べると渋い彩色である。塗り直しの関連もあるのではと思う。なお、前肢はなく胎内に三爪で玉を握っている（写真1―2）。

境内の大楠は本邦第一のものとされ、樹高三〇メートル樹齢一五〇〇年という。

(4) 鹿児島神宮（霧島市隼人町内と内山田の中間）

冒頭でも記したように、宝物展を見にいって龍柱に気付いたもので、改めて取材をお願いし承諾を得たものであった。極彩色の立派な龍柱で撮影後に爪数を確認してみると三爪であった。

鹿児島神宮は旧官幣大社。祭神は天津日高彦穂穂出見尊（山幸彦）以下五神で、かつては大隅正八幡などと称される。「延喜式」神名帳の大隅五座のうちの桑原郡内の一座が前身とされる。八幡神は豊前の宇佐八幡宮を本源とし、豊前と桑原郡を結ぶ歴史は『続日本紀』の和銅七年（七一四）三月十五日の条に「隼人昏荒、野心未習憲法。因移豊前国民二百戸、令相勸導也」とあって、豊前から桑原郡への移民が行われた。これが鹿児島神宮の定着に深くかかわったものと推定される。

また、重久淳一氏の鹿児島神宮を中心とした種々の発掘調査によって、神宮をめぐる歴史的背景が明確となり、その集大成ともいえる論文（重久　二〇一〇）によって詳細に位置づけられている。そのなかからいくつかを抜粋することにしよう。かつての鹿児島神宮は七回にわたり炎上し、なかでも大永七年（一五二七）の大隅国の守護代であった本田薫親（生没年不明）の勢力が増して正八幡宮を支配下に入れるほどとなり、その反乱によって正八幡宮はもとより、別当寺の弥勒院や神宮鎮護の寺でもあった正興寺・正高寺・正国寺なども焼かれた。本田氏廃絶後は島津貴久（在位一五二六―七一）の管轄下に入る。そして神宮は永禄三年（一五六〇）に再建されている。

それ以前の建治三年（一二七七）には一遍上人（一二三九―八九）も参詣し、しばし滞在したようだ。また、平清盛（一一一八―八一）と社家の桑幡清道とは親しく、『平家物語長門本』によると、鹿ケ谷の陰謀の発覚によって、僧俊寛（一一四二―七九）・平康頼・藤原成経（いずれも生没年不明）らが硫黄島に流され、赦免となった康頼・成経の帰還ルートについて次のように記している。

「さつまがた、房の泊りといふ所より、鹿児島、逢の湊、木の津、向島（桜島）を過ぎて、鳩脇八幡崎にぞ着き給ふ、それより取りあがりて、宮中の馬場執印清道と申がもとにやどせられたり」

この鳩脇八幡崎が神宮の湊であった。のち浜の市という湊になっていく。

また、鎌倉時代初期にはもっとも支配地域が広く大隅国三〇〇〇町のうちの一二九六町を有

［写真1-3］鹿児島神宮の龍柱（右：阿形、左：吽形）

して、薩摩国でも島津荘（一四六五町）と二分する勢力を有していた。のち武士の勢力伸張とともに衰退していく存在にあった。

なお、神宮は桑畑（息長）氏・留守氏・沢氏・最勝寺氏の四社家によって運営され、桑畑家には古文献も残っているという。これら四社家の館の発掘調査によるとその遺物が一一世紀後半から始まるという。以来、約一〇〇〇年にわたって続いたことになる。

なお、現存の社殿は宝暦六年（一七五六）に造営され、龍柱は阿形と吽形のいずれも三爪。吽形が玉を握る（写真1―3）。

(5) 霧島神宮（霧島市田口）

主祭神は瓊瓊杵尊《ににぎのみこと》でその他六神が鎮座する。旧称は西御在所霧島六所権現、旧官幣大社であった。もとは日向国を祭る神社で、高千穂峰の本来の登山道は反対側の霧島東神社であった。古くは『続日本紀』や『三代実録』などにみえる。「延喜式」神名帳には諸県郡の一座となっている。高千穂は古代より天台修験の聖地である。

性空上人《しょうくう》（？—一〇〇七もしくは九）により六所権現が建立され、現在の地に社殿が移されたのは天暦年中（九四七—五七）のことであった。ところが文暦元年（一二三四）十二月の大噴火で社寺ともに全焼し、文明六年（一四七四）島津忠昌（在位一四七四—一五〇八）によって再建された。以後、島津氏の保護をうけるようになって、島津義久・義弘の兄弟、さらに家久（在位一六〇二—一三八）からも厚く信仰された。日向耳川の合戦（天正六年（一五七八））にあたっては義久は願文を捧げ、勝利後に神領を寄付している。

宝永二年（一七〇五）の火災で別当寺の華林寺とともに全焼したが島津吉貴（在位一七〇四—四七）の援助により正徳五年（一七一五）再建された。それが現在の社殿である。薩摩をも旅して『筑紫日記』を著した高山彦九郎は霧島神宮にお参りしている。その日記には、

「是レより霧嶋社迄十五丁坊迄十二丁あり、登る事九丁にして大鳥井十丁にして仁王門なり、十五六丁の橋を渡りて十二丁也、少シ登りて左り本房也、右へ行きて花蔵院なるへ着

［写真1-4］霧島神宮の龍柱（右：阿形、左：吽形。左手で玉を握る〈3爪〉）

く、案内有り石階を壱丁斗登る、半ハに当たりて左風穴、右に亀石とて壱間斗なる亀の形の岩あり登りて十五丁の所なり、左本地堂有り、鳥井を入り前神有り、右に二重の塔鐘楼有り、廻節を登る左右に廻節続く、左に御供所右に番所あり、拝殿八間坤に向かふ、此後に宮殿大社なり」

とあって、神宮の境内が複雑であることを記している。

なお、華林寺跡は現在の境内の右手下にあって、かつての正門はそこから登るものであった。正徳五年再建の本殿・拝殿・幣殿・登廊下は国指定の重要文化財である。また、龍柱は吽形が三爪で玉を握る。阿形吽形の中ほどに菊紋がある（写真1－4）。

(6) 白鳥神社（えびの市末永）

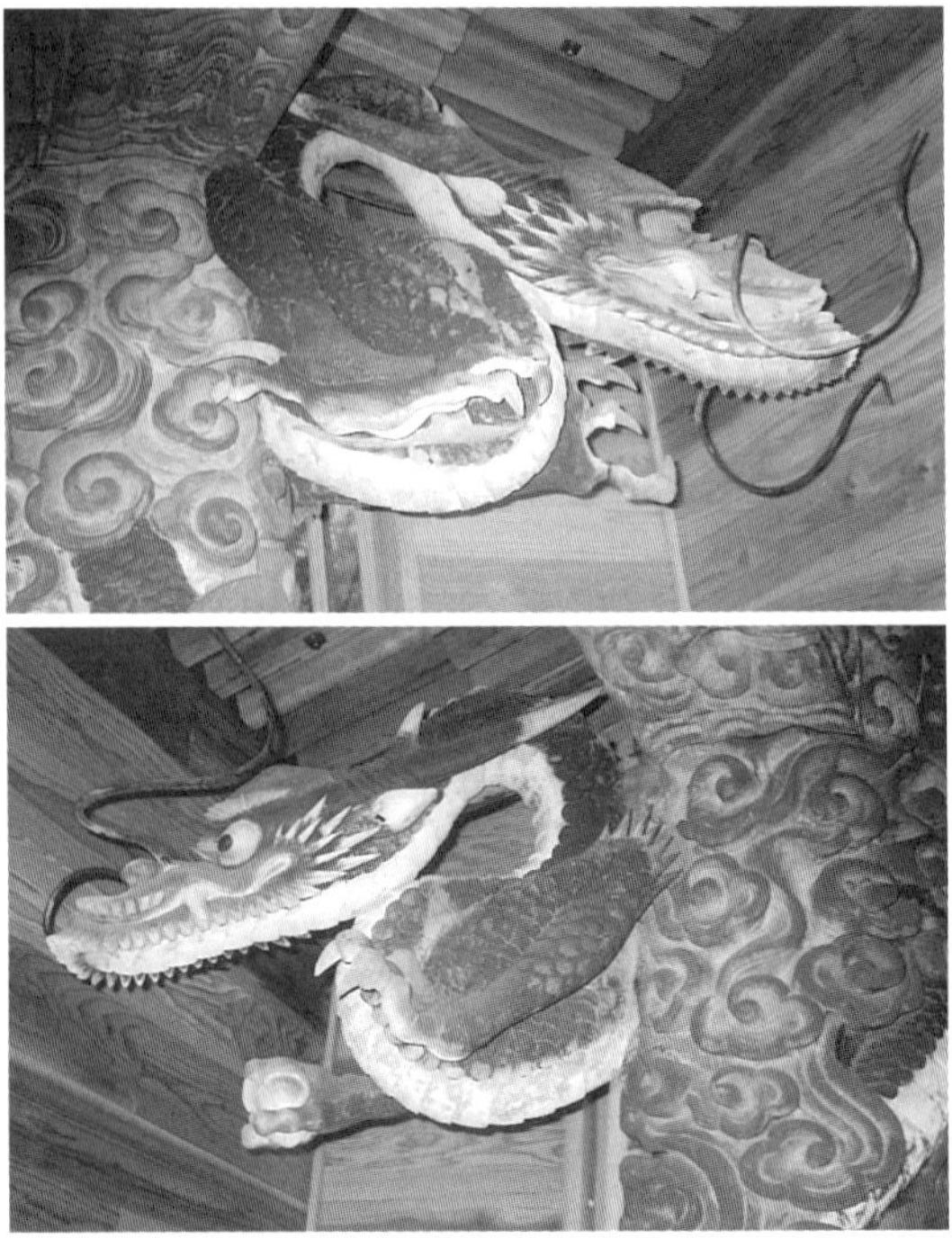

［写真1-5］白鳥神社の龍柱（上：阿形、下：吽形）

霧島山系の白鳥山の北側中腹にあって、白鳥権現社または白鳥六所権現と称されたこともあった。主尊は日本武尊《やまとたける》で、江戸時代初期に東大寺の再建にあたって境内の赤松を提供したことで有名な神社でもある。霧島山で天台修験を広めた性空上人によって白鳥権現を祀ったと伝えられている。別当寺は白鳥山満足寺である。

この近辺では白鳥を殺すことを禁じたともいう。古来、軍神として祀られ、今でも境内にその痕跡を残す。島津義弘も厚く信仰し、天正四年（一五七六）八月、高原城攻略後に当社に参拝している。慶長四年（一五九九）島津家久は庄内合戦の戦勝を祈願し、翌五年白鳥領を寄進し計一四三石となり、さらに翌六年の社殿造営のため大隅国内に知行地二〇〇石を与えた。

なお、龍柱は拝殿から本殿に渡る階段の側に建てられ、赤茶色の彩色であり、吽形が玉を握る（写真1―5）。

(7) 霧島岑《みね》神社（小林市細野）

この神社の旧地は、矛峰（高千穂山）と火常山（御鉢）との中間の丘にあって、その名を霧島中央六所権現と称された。その丘を背門丘《せたお》と呼ぶことから瀬多（戸）尾権現とも称された。天永三年（一一一二）の火常峠の噴火で焼失し同地に再建されたが、文暦元年（一二三四）の大噴火で再び被災、矛峰と韓国岳の間の瀬多尾越に再建された。当然のように六所権現の中心神社として崇敬を集めたという。別当寺は瀬多尾寺である。祭神は、瓊瓊杵命・木花咲耶姫命《このはなさくやひめのみこと》の他六柱がある。一帯が伊東氏の所領の時代は今寺と呼ばれていた。

島津義弘は伊東氏との戦いに際して、天台宗修験僧愛甲相模坊に命じて祈禱させ戦果をあげ、その功を賞して同時住職に命じ、二〇〇石を寄進している。

享保元年（一七一六）九月、霧島三上の金剛・胎蔵両池付近が大爆発し寺社のすべてを焼失し

［写真1-6］霧島岑神社の龍柱（右：阿形、左：吽形）

てしまった。噴火が沈静したのち同所一帯には六尺ばかりの瓦礫が積もり、神社の再建は不可能と判断、そのため夷守岳東麓築地に社殿を新築、享保十四年（一七二九）に正式に鎮座した。

天保年間には社域に本地大日堂・峯水神社・熊野権現・霧島王子社があり、その下方に瀬戸尾寺があった。明治の廃仏毀釈で廃寺となり、また、夷守神社と合併、明治六年（一八七三）に現在地に再建された。

龍柱は享保十四年の鎮座の際のものと思われ、木目の龍で吽形が木目の玉を握る（写真1－6）。

⑻ 霧島東神社（高原町蒲牟田）

霧島山系の高千穂峰の中腹にあって、御池を望む高地に立地する。伊弉冉尊《いざなみのみこと》と伊弉諾尊《いざなぎのみこと》の二神を祭神とする神社で、大扉にはいまでも宝輪が刻まれている。康保三年（九六六）に性空は霧

［写真1-7］霧島東神社の龍柱（上）と正門の宝輪（下）

島山に入り、修行ののち霧島六所権現を建立したが、この一つが当社である。かつては東御在所霧島東権現社といわれ、別当寺は錫丈院という。

　高千穂山の噴火の被害をうけ、文暦元年（一二三四）には全焼し、文明十八年（一四八六）に島津忠昌（在位一四七四―一五〇八）により再興された。島津光久（在位一六三八―八七）の「東霧島」の額が社頭に掲げられている。

当社は霧島山信仰の東正門にあたり、霧島山遥拝の地ともなっていた。境内には高千穂頂上の逆鉾を下ろした記念碑まで建つ。宮崎県指定無形文化財の祓川神舞が伝えられている。

なお、極彩色の龍柱は本殿と拝殿の間にあって吽形が玉を握る（写真1－7）。

龍柱（右：阿形、左：吽形）

(9) 東《つま》霧島神社（都城市高崎町東霧島）

祭神は伊弉諾尊など六神で、かつて東霧島大権現といわれ霧島六所権現の一つで、別当寺は勅詔院で一〇世紀に性空が再建したという。文正二年（一四六七）六月に東霧島の造営勧進を霧島六所坊に許可している。また、島津義久は、天正六年（一五七八）には大友氏との耳川合戦の出陣に際し、東霧島・霧島・鵜戸神宮に仁王経の祈願を依頼したという。

慶長四年（一五九九）からの庄内合戦において島津家久の軍勢はあちこち侵攻してのち、「津間霧島」に引き返して陣を構えたという。同十年、義久が庄内へ出

［写真1-8］東霧島神社の

陣した際にも東霧島を陣所とした。慶長二十年に家久が戦勝祈願として梵鐘を鋳造させ、刻銘があるという。その梵鐘が宮崎県指定の文化財となっている。

龍柱は木目そのもので（写真1－8）、本殿入り口扉の両側にも半肉彫りの雲龍が置かれている。薩摩川内市の兼喜神社や日置市日吉町の八幡神社・吉利神社にも同様、本殿入り口両側に阿吽の龍を設置している。なお、神社内に四爪龍の絵の太鼓があり、おそらく別当寺のものと思われる。

⑽ 兼喜《けんき》神社（都城市都島町）

祭神は北郷常陸介相久。相久は天正七年（一五七九）、家臣の讒言によって父北郷時久（一五三〇―九六）に疑われ、同年安永金石城で自害した。その霊を祀るため同九年に若宮八幡として建立された。文禄四年（一五九五）に時久が宮之城に転封となり移されたが、北郷忠能（一五九〇―一六三二）が都城領主となり元に復された。

その後一時、霊八幡となったが、明暦元年（一六五五）に神祇官吉田兼喜に請うて兼喜神社となる。天和二年（一六八二）に兼喜大明神、享保十九年（一七三四）に神位正一位となる。現在の社殿は天明八年（一七八八）に都城島津家の久倫《ひさとも》公（一七五九―一八一二）による建立で、桃山様式を模した彫刻と極彩色を施した権現造である。この際に極彩色の龍柱も設置されたと思われるが、今はやや色が薄くなっている。

なお、祭神となっている相久の弟の北郷三久は、時久転封とともに薩摩川内市の麓集落平佐に移ったが、そこにも兼喜神社を建てている。

⑾ 粟野神社（宮崎市高岡町下倉永）

かつては薩摩藩領で今は宮崎市となっている高岡町下倉永集落にある村社であった。高岡は薩摩藩の東からの出入り口にあたり、去川《さるかわ》の関所もあった。

祭神は大穴牟遅命《おおなむちのみこと》とその他七神で、立地する下倉永集落は大淀川に接しており、江戸時代には五〇石積船二艘・農船三艘・渡船二艘などを有する村落で、花見村への渡河点でもあった。交通の要所にある集落である。祭礼のときは大淀川への浜下りが行われた。

天明二年（一七八二）には新たに現在地に粟野宮を建立し、流鏑馬などが行われていた。青を中心として彩色された龍柱はこの時に設置されたと思われる。右と左のそれぞれの柱の途中には龍の肢が見える（写真1―9、10）。

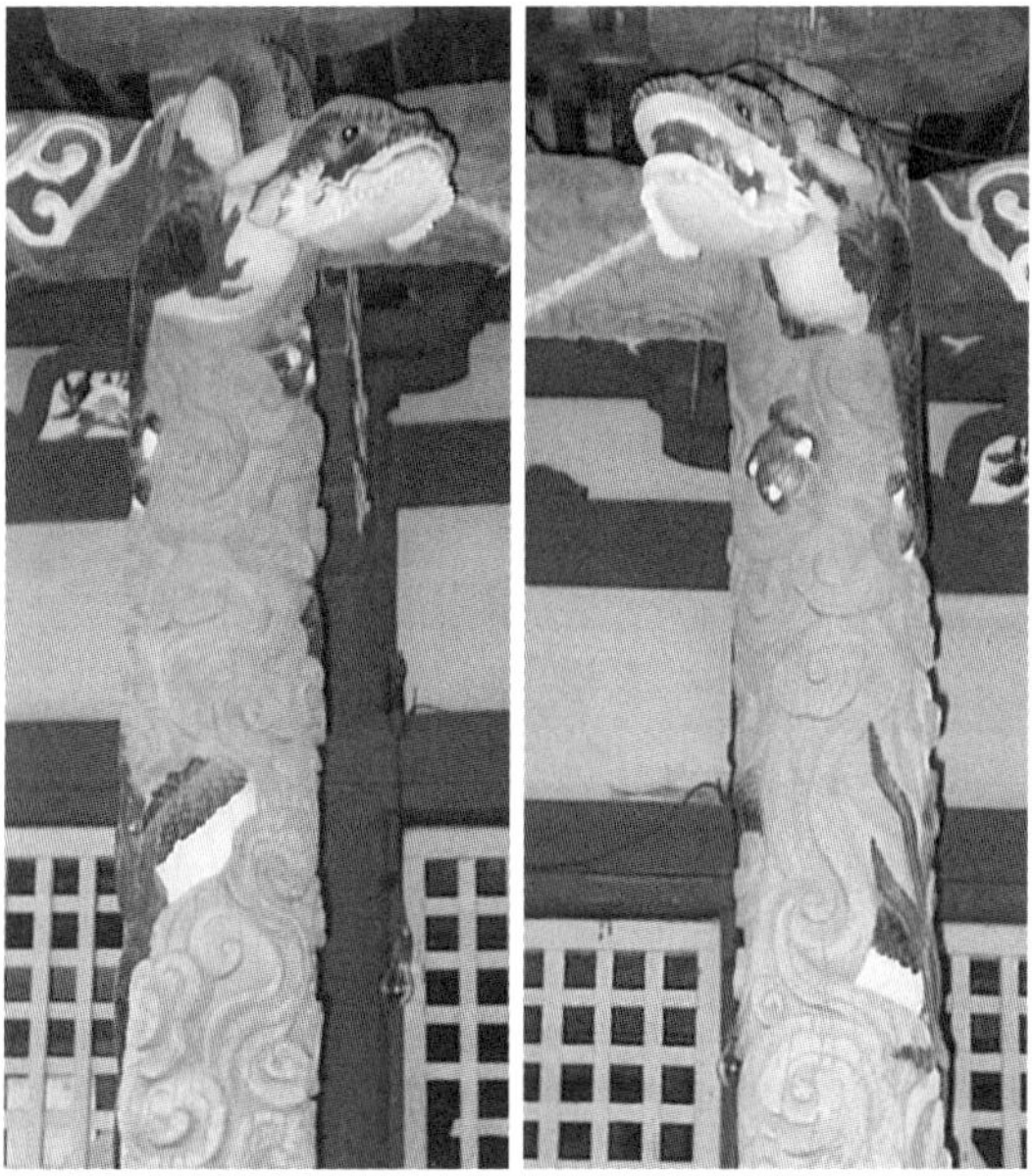

［写真1-9］粟野神社の龍柱（右：阿形、左：吽形）

［写真1-10］粟野神社の龍柱の途中にある龍の肢

※　※

ここまでが旧薩摩藩領内の龍柱がある神社である。鹿児島県内の龍柱は極彩色なのに比べて、宮崎県内では兼喜神社がやや彩色が残るが、その他は青色であったり木目そのままであったりで、しかも円柱に昇龍と瑞雲を刻んで、円柱の根元は八角になっているのがほとんどである。

以下では旧薩摩藩の周辺地域の神社と寺院の龍柱について記すことにしよう。

⑿ 船引神社（宮崎市清武町船引字北ケ迫）

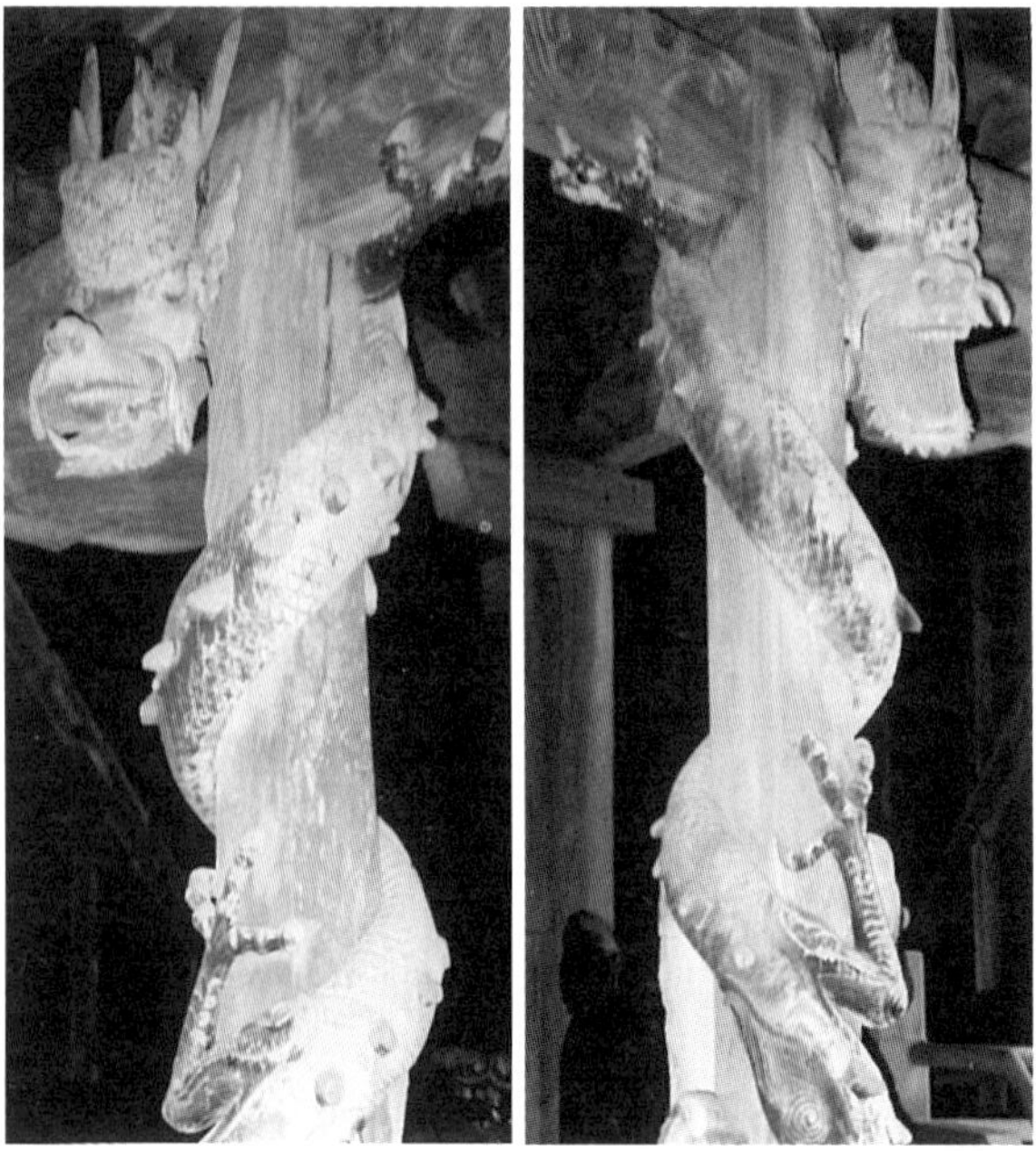

［写真1-11］船引神社の龍柱（右：阿形、左：吽形）

祭神は足仲彦尊《たわしなかつひこのみこと》ほか二尊で、清武町は江戸時代には飫肥《おび》藩の支配域である。栗林文夫氏は「石清水八幡宮による南九州の荘園支配」のなかで日向国船曳荘を取り上げ（栗林 二〇一〇）、俊寛（一一四二―一七九）が流罪になって鬼介ガ島（硫黄島）に流される途中でこの船曳荘に立ち寄ったと記している。船曳神社はこの荘内に寛治元年（一〇八七）に創建と伝えられる。

龍は角柱に巻きつくもので雲もともなうが、根元をみると雲というより近くの清武川から今にも上がってきたというような、水の跡もはっきりと薄肉造りの彫刻がある。製作年代は嘉永六年（一八五三）吉日の年号とともに、現宮崎市在住の大工川崎伝蔵作の墨書がある。初めてここに龍柱の計測値が示され、高さは二三五センチ、幅三〇センチである。全体として青色で彩色されているが腹には赤色を配する（写真1―11）。

境内の樹齢九〇〇年の楠は国の天然記念物で、高さ三五メートル、根回り一八メートルである。

⒀ 生目神社（宮崎市生目）

祭神は彦《ひこ》火《ほ》瓊《に》瓊《に》杵尊《ぎのみこと》ほか四神で眼病によく効くといわれて「日向の生目さん」と呼ばれている。この辺りは旧延岡藩の飛地であった。

祭神の平景清は壇ノ浦の戦の後、源頼朝（一一四七―九九）に捕らえられ、「源氏ノ栄達ヲ見ルニ忍ビズ」といって両眼を自ら失い、後にこの日向の地にたどりつき暮らしたという。その伝承をもとに謡曲・能などが有名。

北海道探検で有名な松浦武四郎（一八一八―八八）は若き日の九州旅行の記録『西海雑志』に、

「平家勇士悪七兵衛景清、生きながら眼目を刳キ地中に埋りたる古跡にて、眼病を患る物心願をこむるに忽奇特を得るよしにて、隣国近郊より諸人の参詣絶るひまなし」

と記している。また、亀井山の湧水を神水として求め眼洗い用とするが、それは硼《ほう》酸濃度の高い水であるという。

残念ながら今の社殿の建立時期や龍柱の製作年代は分からないが、木目そのままの龍柱で、前肢は柱に表現され玉は握らない。

［写真1-12］義門寺の龍柱（右：阿形、左：吽形）

⒁ 義門寺（国富町本庄仲町）

薬王山義門寺といい浄土宗の寺院で本尊は阿弥陀如来である。もとは時宗の寺院であった。貞和二年（一三四六）真心源阿弥の開祖という。伊東佑国の一族細川小四郎義門が国富数カ所を所有していたときに境域を広めて仏堂を改築し義門寺と改称した。改築年は文明年間（一四六九―八七）と思われる。それ以来火災にあっていないのも稀有な寺院である。

この当時の建築の一部を移したとされる本堂の雲龍の円柱（龍柱）と菊蓮の欄間などは、今も雄渾な鎌倉彫の手法が残っ

［写真1-13］八幡宮の龍柱（右：阿形、左：吽形）

ているとされている。境内の石塔は南北町時代にさかのぼるという。

関ヶ原の合戦後、島津義弘は大坂から日向に入ったが、当時は伊東勢が宮崎城を確保しながら「祇門寺」も陣所としていた。本庄村はのち天領となった。

さて、義門寺の赤茶色の龍柱であるが、今は須弥壇の前にある。先の大戦での敗戦後、米軍が駐留し、すべての寺宝を失ったというが、立派な龍柱だけは手の付けようがなかったということであろう。ただし、龍柱の設置の正確な年代は不明とした方がよい（写真1―12）。

⒂八幡宮（国富町本庄八幡）

もとは八幡神社であったが、平成八年から八幡宮となる。通称は本庄八幡宮で祭神は誉

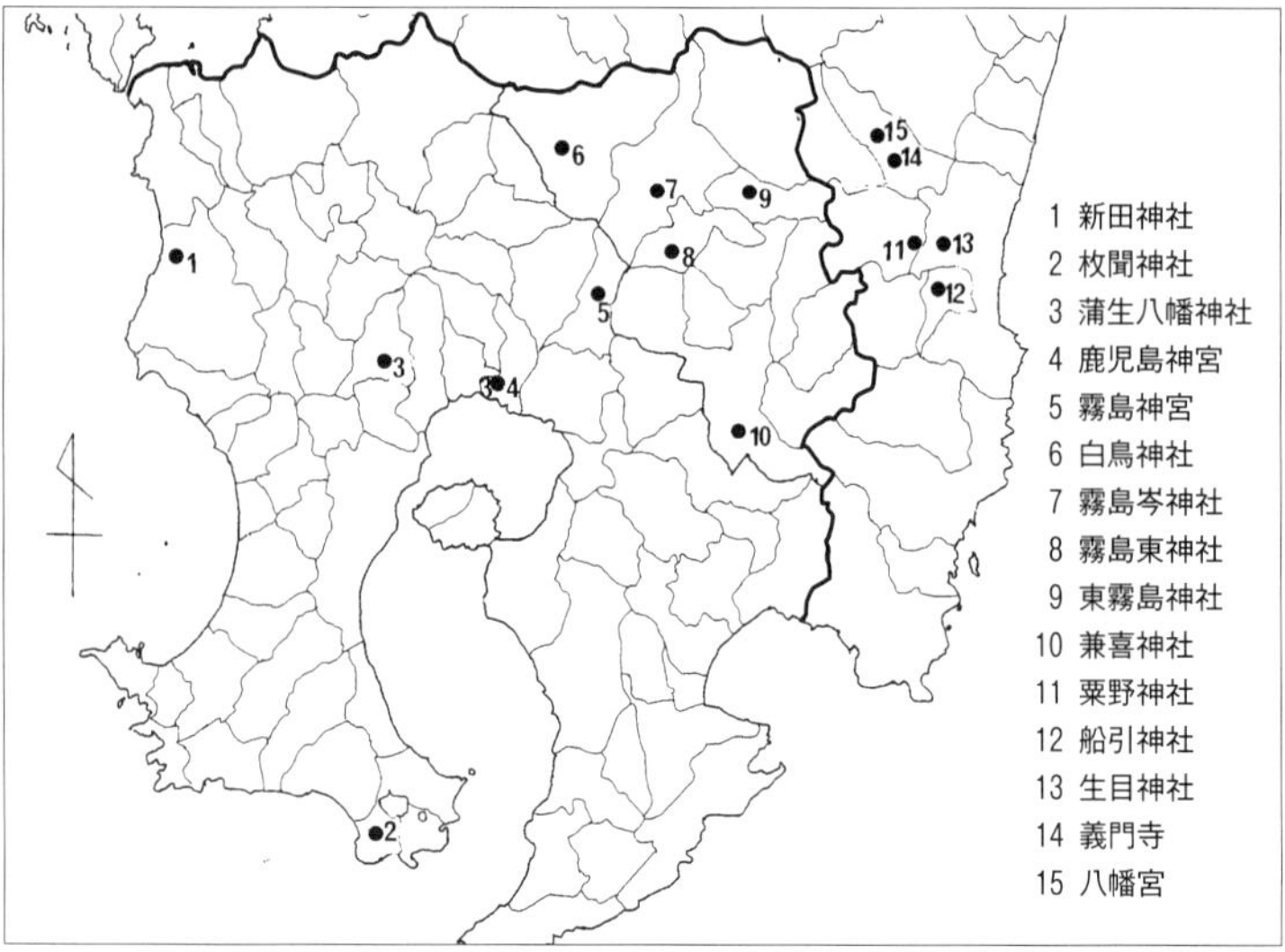

［図1-1］龍柱のある神社の分布図（市町村域は平成合併前による）

田別命ほか三尊である。天長八年（八三一）に豊前宇佐宮の分霊を祀る。代々国司の信仰が厚く少しずつ社領が増えた。天喜五年（一〇五七）に国司の菅野阿朝の入部後にまた増えた。寛永元年（一六二四）にようやく神宮寺を建立する。また、元禄元年（一六八八）から本庄村が天領となっても社領は変わらなかった。ただ、今の八幡宮がいつ建立になり再建されたかは不明である。やや薄い青で彩色した龍柱の設置年代も不明である。残念ながら社殿そのものがシラアリの被害をうけ撮影する際も用心したものであった。（写真1―13）

若干のまとめ

以上のように旧薩摩藩の支配地域とその周辺の龍柱の集成を述べてきたが、ここではこれらの神社の分布図を示しておこうと思う。

なお、太線は旧薩摩藩の範囲を示すが、あくまでも概略図である（図1－1）。

なお、龍柱がある神社については、その設置時期をまず考える必要がある。そのため再建年代からある程度龍柱の設置時期が推定できると思われる。

さて、これらの神社の龍柱のありようについては、前述したように、鹿児島県域では極彩色であるのに対し、宮崎県南西部に入ると、青や木目が目立つようになる。ただ、前肢のない龍もあったりで、変化に富む。それにしても旧薩摩藩を越えてその近辺の神社や寺院にまで龍柱が伝播していたことに嬉しさを覚える。

現在のところ、江戸時代の再建ないしは大修理の記録が判明しない神社もあるが、再建されている年代をみると、義門寺、新田神社を除いてすべてが一八世紀ということになる。さすればこれらの寺院の再建にともなって龍柱が設置されたと考えてよいようだ。

冒頭で記した吉満史絵さんの卒業論文には船引神社・義門寺の記載はなかったが、龍柱の設置年代を一八世紀としていたのを追認したことになる（表1－1）。さらに言えば、天明年間の再建が多いことに気付く。それは大変に長寿でもあった第二十五代島津重豪公の時代であった。重豪公は造志館・医学院さらには時報館などを建立し産業・文化事業も行ったが、結果的に薩摩藩の財政を苦しくさせることになった。

なお、各神社・寺院の龍柱の爪数と玉の握り方にも特徴があり、一覧表にしてあるので参照していただきたい（表1－2）。

［表1−1］南九州の龍柱のある社寺

神社名	建立年代	再建協力者	備考
(1) 新田神社	嘉永三年（一八五〇）	第二七代島津斉興	龍柱は宮之城大磯作也作？
(2) 枚聞神社	天明七年（一七八七）		第二六代島津重豪の厄年設置
(3) 蒲生八幡神社	天明四年（一七八四）		
(4) 鹿児島神宮	宝暦六年（一七五六）		
(5) 霧島神宮	正徳五年（一七一五）	第二一代島津吉貴	国指定文化財（大部分）
(6) 白鳥神社	再建年不明		
(7) 霧島岑神社	享保十四年（一七二九）		
(8) 霧島東神社	再建年不明		
(9) 東霧島神社	〃		
(10) 兼喜神社	天明八年（一七八八）	都城島津久倫	
(11) 栗野神社	天明二年（一七八二）		
(12) 船引神社	再建年不明		龍柱は角柱・嘉永六年、大工名あり
(13) 生目神社	〃		
(14) 義門寺	文明年間（一四六九―八七）		赤茶色の龍柱
(15) 八幡宮	再建年不明		

［表1－2］南九州の社寺にある龍柱の様相

龍柱のある神社	龍柱の様相	阿形	吽形	備考
(1) 新田神社	極彩色	右三爪で玉	左三爪で玉	金色の玉
(2) 枚聞神社	極彩色	胎内三爪玉か		三爪のみで表現
(3) 蒲生八幡神社	渋い彩色		左胎内に三爪で玉	柱に隆帯で前肢表現
(4) 鹿児島神宮	極彩色		右三爪で玉	極彩色の玉
(5) 霧島神宮	極彩色		右三爪で玉	黄色の玉
(6) 白鳥神社	赤茶色		右三爪で玉	玉は白色
(7) 霧島岑神社	木目		左三爪で玉	木目の玉
(8) 霧島東神社	極彩色		右三爪で玉	金色の玉
(9) 東霧島神社	木目		右三爪で玉	木目の玉
(10) 兼喜神社	極彩色跡		右三爪で玉	極彩色の玉
(11) 栗野神社	青基調	阿吽ともに胎内から三爪で玉		火炎あり
(12) 船引神社	青基調	左三爪で玉		濃い青色で玉もカ
(13) 生目神社	木目			柱に隆帯で前肢表現
(14) 義門寺	木目		左三爪で玉	完全な木目そのもの
(15) 八幡宮	極薄青色			前肢欠玉も欠

※　※

本稿をまとめるにあたって次の方々のお世話になった。まずは各神社の宮司さん、なかでも「薩摩藩における近世神社本殿の巻龍柱に関する研究」という膨大な卒業論文を快く貸してくださった新田神社の宮司種子田敬様、鹿児島神宮、および霧島市の重久淳一氏、さらに慣れない宮崎県内を案内までしてくれた栗野神社関係者の下野園安氏には、自分で調べた資料によって船引神社・義門寺に龍柱があることを教えていただき、しかも船引神社まで案内までしてくださった。厚く御礼申し上げる。

注

栗林文夫　二〇一〇　地方史研究会協議会編「石清水八幡宮による南九州の荘園支配」『南九州の地域形成と境界』雄山閣

重久淳一　二〇一〇「中世正八幡満宮をとりまく空間構造」『地域政策科学研究』第七号　鹿児島大学大学院

五代秀尭・橋口兼柄　一八四三『三国名勝圖繪』原口虎雄監修・改題　一九八二　青潮社

主要参考文献

芳《かんばし》　即正・五味克夫編　一九九八『日本歴史地名大系　鹿児島県の地名』平凡社

野口逸三郎編　一九九七『日本歴史地名大系　宮崎県の地名』平凡社

二、彩色された本殿守護の龍について

はじめに

龍の最大の特徴は〝龍は雲に従い雲は龍に従う〟という大原則である。したがって雲のともなわない龍は本物の龍ではないということになる。この大原則を頭に入れて以後の小論を読んでいただきたい。

南九州には石製の龍が四六カ所で確認されているが、小さいながらも必ず雲をともなっている。木製の龍も当然のように各地の神社にあって、そのうち龍柱と呼称されている龍は南九州の主要神社の本殿を守っている龍で、前章で見たように、一四カ所の神社と一カ所の寺院に分布している。

この龍柱は冂形を呈しており、右側の角に口を開けた阿形、左隅の角に口を閉じた吽形で、阿吽の龍で一セットをなす。この龍柱には極彩色と渋い彩色のものが七カ所の神社にあり、その他は赤茶色や木目そのもの、あるいは青色の龍柱があったりで変化に富んでいる。

本稿で述べる龍は、神社の龍柱とは異なる彩色された龍で、残念ながら雲をともなわない龍

［写真2-1］大汝牟遅神社の龍

もあるが、いずれも本殿を守護する龍である。まず各神社の龍について、神社の歴史についても若干記しながら紹介することにし、この後で龍の特徴を述べることにする。

(1) 大汝牟遅《おおなむち》神社の龍

この神社の龍は南九州で特異の例に相当しよう。まず、この神社の歴史からみることにする（芳・五味 一九九八）。

「旧吹上町にあって、神社そのものが極彩色でできており、祭神は大己貴命《おおなむちみこと》・中哀天皇など六柱で、鎌倉八幡宮を勧請したとする社伝を有し、江戸時代には社領二〇石で別当寺は湯之浦の海蔵寺である。伊作島津家および歴代の薩摩藩主の崇敬厚く、一〇月二五日の正祭には浜下りがあり、現在は流鏑馬が取り行われ、鹿児島県の指定無形文化財になっている。」

境内には神の寄代と思われる巨木もあり、極彩色の龍は庇柱の梁の上に横たわっており、まるで神社そのものを守護しているようにも受け取れる。龍にともなう白雲も表現され、龍をとりまく紐状のものは火災である（写真2―1）。

(2) 日置八幡神社の龍

最初にこの神社の歴史から記す（芳・五味　一九九八）。

「祭神は天照大神で旧郷社。永禄年中（一五五八―七〇）に新田宮を勧請し、のち現在地に移された。文禄四年（一五九五）島津常久（一五八七―一六一四）が総鎮守と定め、歴代領主の崇敬が厚かったと伝える。今でも六月第一日曜日にセッテトベという伝統的に行事が行わ

［写真2-2］日置八幡神社の本殿扉左右の雲龍（右：昇龍で阿形、左：降龍で吽形）

れている。」

この神社には極彩色の雲竜があって、本殿扉の右側が昇龍、左側が降龍となっており、阿形の龍が玉を握っており、龍や雲は半肉彫りになっている（写真2―2）。

(3) 兼喜神社の龍

薩摩川内市の平佐麓にあり、宮崎県都城市の北郷家が崇拝する兼喜神社を平佐麓に勧請したものである。若干の歴史から述べる。

祭神は北郷時久・相久で、時久（一五三〇―九六）の三男・三久（一五七三―一六二〇）がのちに

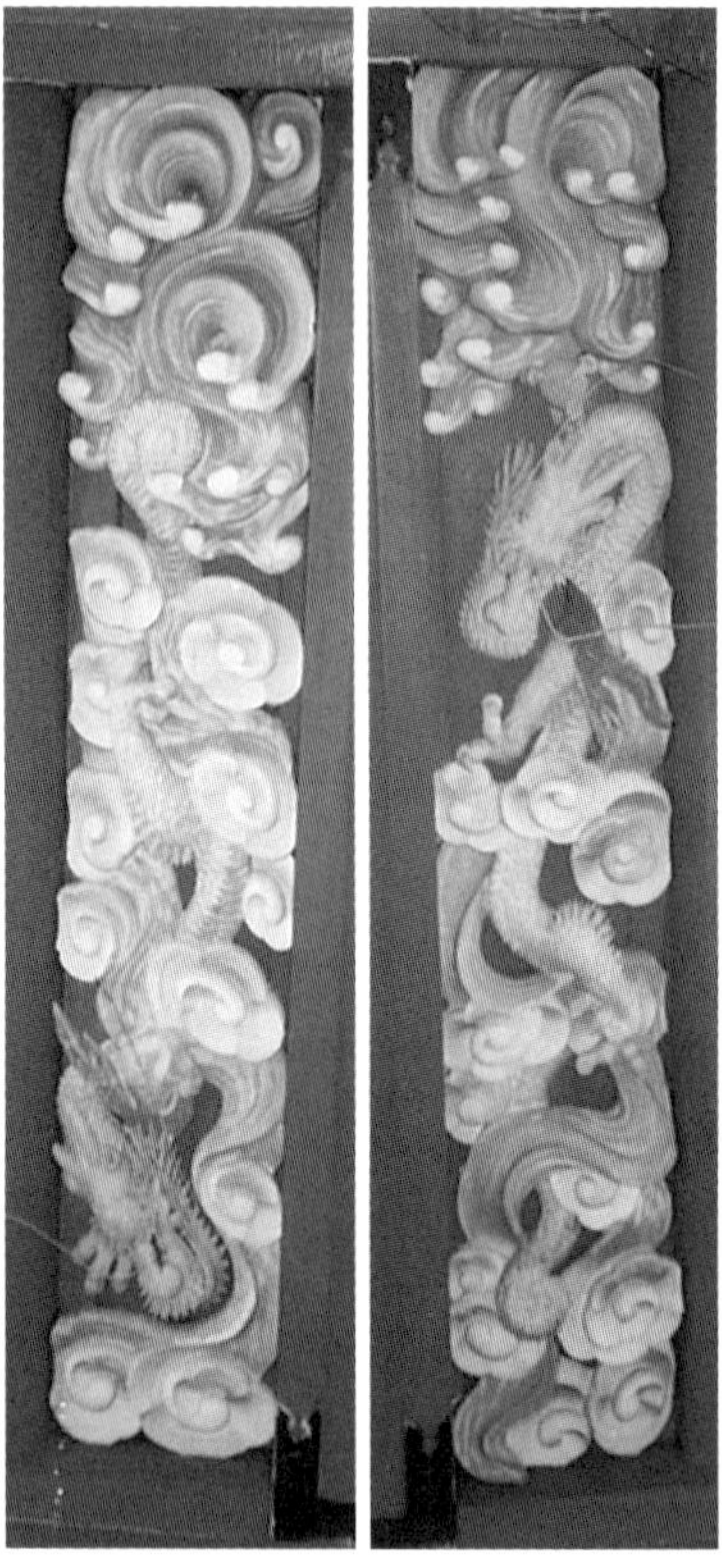

［写真2-3］兼喜神社本殿扉左右の龍（右：昇龍で阿形、左：降龍で吽形）

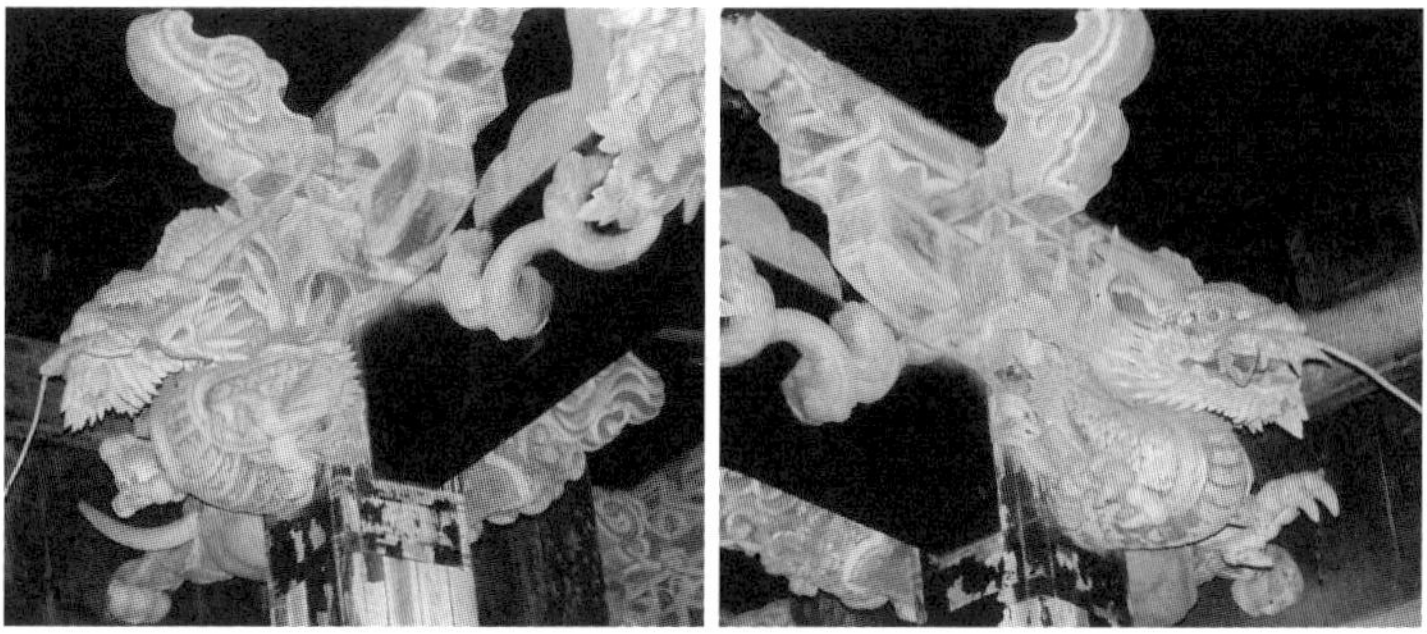

［写真2-4］花尾神社の龍（右：阿形、左：吽形。玉を握っている）

平佐に居城し、ここに勧請したものである。

龍は本殿扉の左右にあって、丸彫りでできており、ともなう雲は半肉彫りである。すなわち阿吽の龍で、右が昇龍、左が降龍となっている。いずれも見事なほどに極彩色された龍で、昇龍が玉を握っている（写真2―3）。

⑷ 花尾神社の龍

まずは神社の歴史を述べる（芳・五味　一九九八）。

「花尾山（標高五四〇・四メートル）の麓に鎮座する。祭神は清和天皇・源頼朝・丹後局・永金阿闍梨《あじゃり》で旧村社。江戸時代には花尾権現社・厚地権現社と称した。花尾山はツツジなど花が多く花尾山といわれた。山岳信仰の対象ともなり、江戸時代に入っても山頂に熊野神社があった。別当寺は平等王院である。

……初代の島津忠久が建保六年（一二一八）に花尾神社を創建し、源頼朝・丹後局を祀り、この忠久が源頼朝の直系と結びつけたとされる。以来、島津家の祖廟とみなされ、

［写真2-5］鹿児島神宮勅使殿の龍（右：阿形、左：吽形）

琉球からの使節も参詣するようになった。現在の社殿は宝永五年（一七〇八）二一代の島津吉貴（在位一七〇四ー四七）によって再建され、平等王院には二十石を付与。」

なお、花尾神社は「薩摩の日光さま」といわれ、現在は鹿児島県の指定文化財となっている。また、龍は拝殿の右隅が阿形、左隅に吽形の龍である。吽形が玉を握っている（写真2ー4）。

(5) 鹿児島神宮勅使殿の龍

鹿児島神宮には、もともと本殿を守る見事な極彩色の龍柱があり、その龍柱については第一章「南九州の龍柱について」で述べている。したがってここでは勅使殿の龍について述べることとする。

鹿児島県内でも勅使殿を有する神社は三カ所しかなくそのうちの一つである。龍は柱と梁の直角を利用して取り付けられたもので極彩色であり、右が阿形・左が吽形で爪がちらほら見えるが、何本あるかは不明である（写真2―5）。

(6) 勝栗神社の龍

特異な龍である。拝殿から本殿に上がる階段の手前にあって、柱と梁の直角を利用した直角三角形型の龍で、同様の板に龍を薄く削り出して濃紺の龍となっている。

まずは神社の歴史から記すことにする（中村　一九八四）。

「古く正八幡といい、明治になって現在の呼称になった。祭神は応神天皇・仲哀天皇・神功皇后で、社伝では、大隅八幡宮（現在の鹿児島神宮）の神領の境界四方に別宮を置き、東の恒吉郷に投谷神社、西に蒲生八幡、南に荒田八幡、北に当社を建立したという。

また、ここ栗野院は文明年間（一四六九―八七）にえびの市の北原氏の所有するところとなり、永禄七年（一五六四）には島津氏が所有。文禄元年（一五九二）朝鮮出兵の折、島津

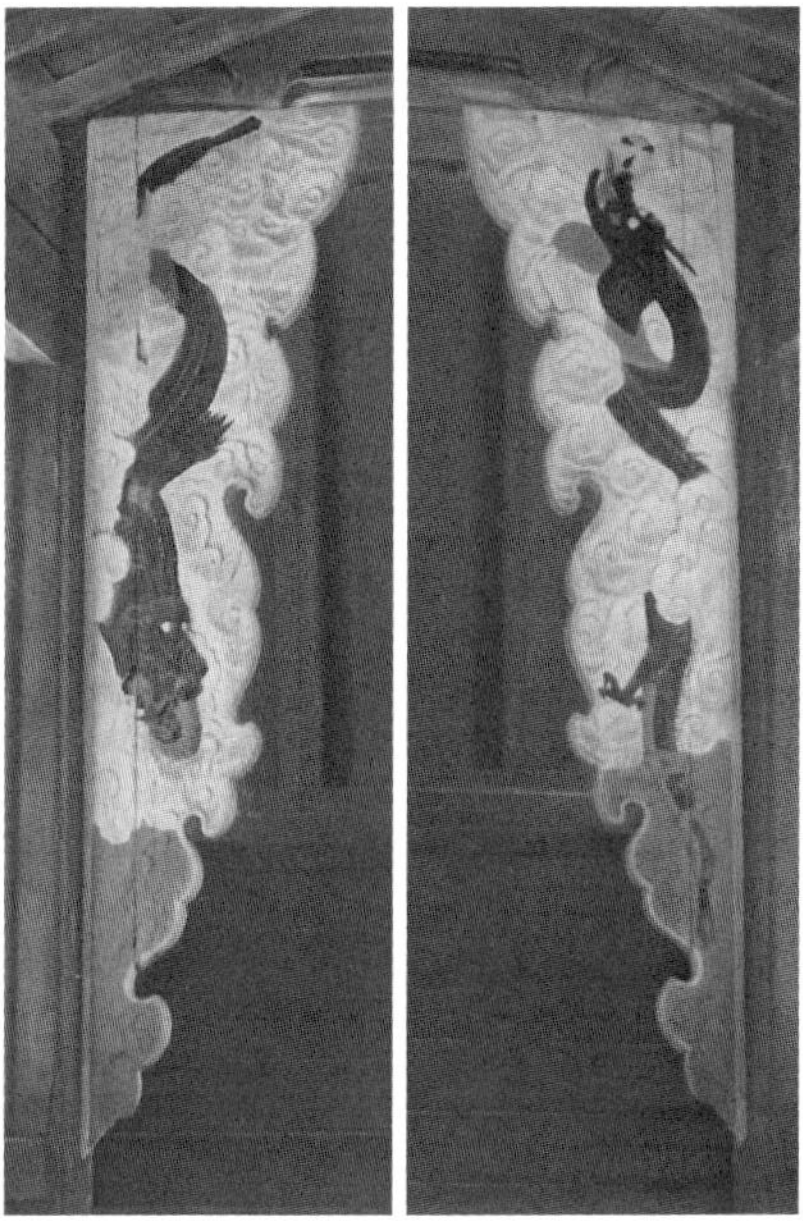

［写真2-6］勝栗神社の龍
（右：阿形、左：吽形）

［写真2-7］榎原神社の向拝内側の龍（右：吽形、左：阿形。左右逆となっている）

義弘が当社に参籠、偶然にもその夜は雪で義弘は〃野も山もミな白旗となりにけり、今宵の宿は勝栗の里〃とうたい、そこから勝栗神社と名乗るようになった。別当寺は梅中寺で二石、社宝の銅鏡四〇面は県指定文化財。」

なお、龍がある直角三角形型の板の上辺は四七センチ、垂直に降りる一辺の長さは一六四センチ、もう一方の辺は雲が描かれたために直線ではなく、雲の半円が残されている。そして、阿形の上に玉を掴んだ三爪がみえ、薄く印刷された部分は龍の腹で、本来は赤で横線がある（写真2−6）。

※　※

なお、以上が鹿児島県の龍である。次に宮崎県南部の龍について記したいと思う。

(7) 榎《よ》原《わら》神社の龍

宮崎県日南市南郷町の神社でおおまかな歴史を記そう（野口 一九九七）。

「旧県社。祭神は天照大神ほか南九州神話の五神で、江

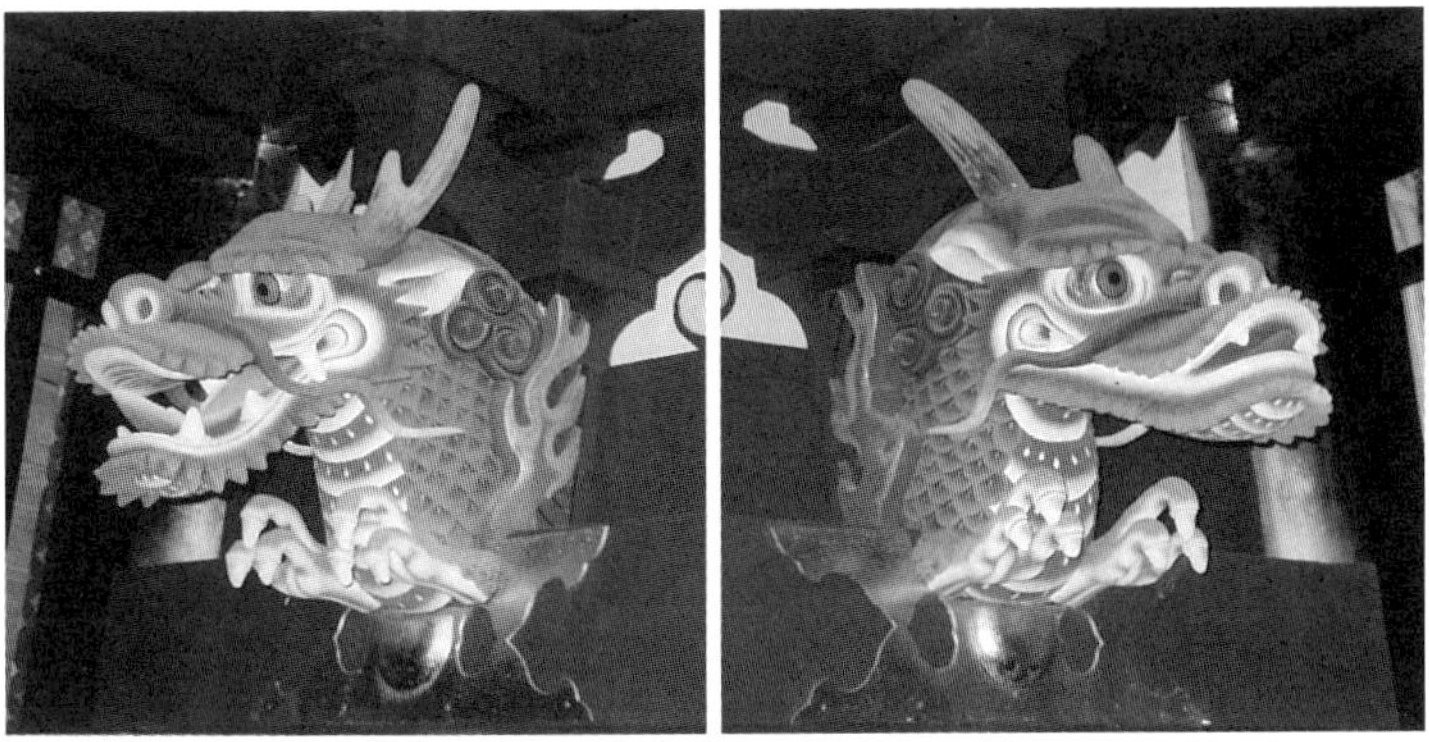

［写真2-8］鵜戸神宮の龍（左：阿形、右：吽形）

戸時代初期に内田万寿という巫女の託宣によって鵜戸大権現を勧請したもの。古くは榎原大権現と称し、歴代の飫肥《おび》藩主によって崇敬された。明暦二年（一六五六）には伊東祐久など榎原に参詣し、万治元年（一六五八）四代祐由の代に榎原大権現の社殿が再興。神領は最終的に一五〇石となった。嘉永五年（一八五二）からの大修理が施されている。

昭和五十年（一九七五）には楼門が、昭和五十四年に本殿と鐘楼が宮崎県の文化財に指定された。」

なお、この神社の龍は極彩色で左右が逆、向拝の内側にあって吽形が玉を握っている（写真2－7）。

⑻ 鵜戸神宮の龍

まず、この神社の歴史から説明しよう（中村　一九八四）。

「日向灘に面した洞窟内に鎮座した旧官幣大社である。主神はフキアエズノミコトで、その他に日向神話の五神を祀る。

社伝によると崇神《すしん》天皇の時に創建され、桓武天皇の延暦年間（七八二―八〇六）に社殿を再建し、鵜戸山大権現吾平山護国寺の称号を賜った。のち伊東氏の援助により、永禄三年（一五六〇）や宝永五年（一七〇九）に社殿の造営が行われている。

江戸時代の文献には〝宇戸ノ洞窟ト号シ、宇戸は鵜茅也〟とあり、足元の荒々しい波と巨岩などをみると、遥か水平線の向こうに海神や別世界がありそうにも思われる。……こ
こ鵜戸神社は海の信仰と関係ないとはいいきれない。」

この神社には龍がいても不思議ではない。拝殿の入り口に海神をともなってきたと思われる阿吽の龍の絵があって、拝殿のなかには右隅の阿形の龍があり、左隅に吽形の龍がいて神殿を守護している。阿吽の龍とも玉は握っていないが、極彩色のみごとな龍である。榎原神社を含めて爪の形が異なる（写真2―8）。

若干のまとめ

なお、旧山田町（現都城市）にも龍がある。しかし、柱の上に彩色された龍の頭部が載っているだけで、この形を龍柱と呼称しているが、□形でもないので龍柱とはいえないことは明白な上、前肢もなければそれにともなって玉もないのでここでは省くことにする。

さて、最後に龍の分布図を提示してみよう（図2―1）。これによって、どこにどのような龍が分布しているかが、把握しやすくなる。

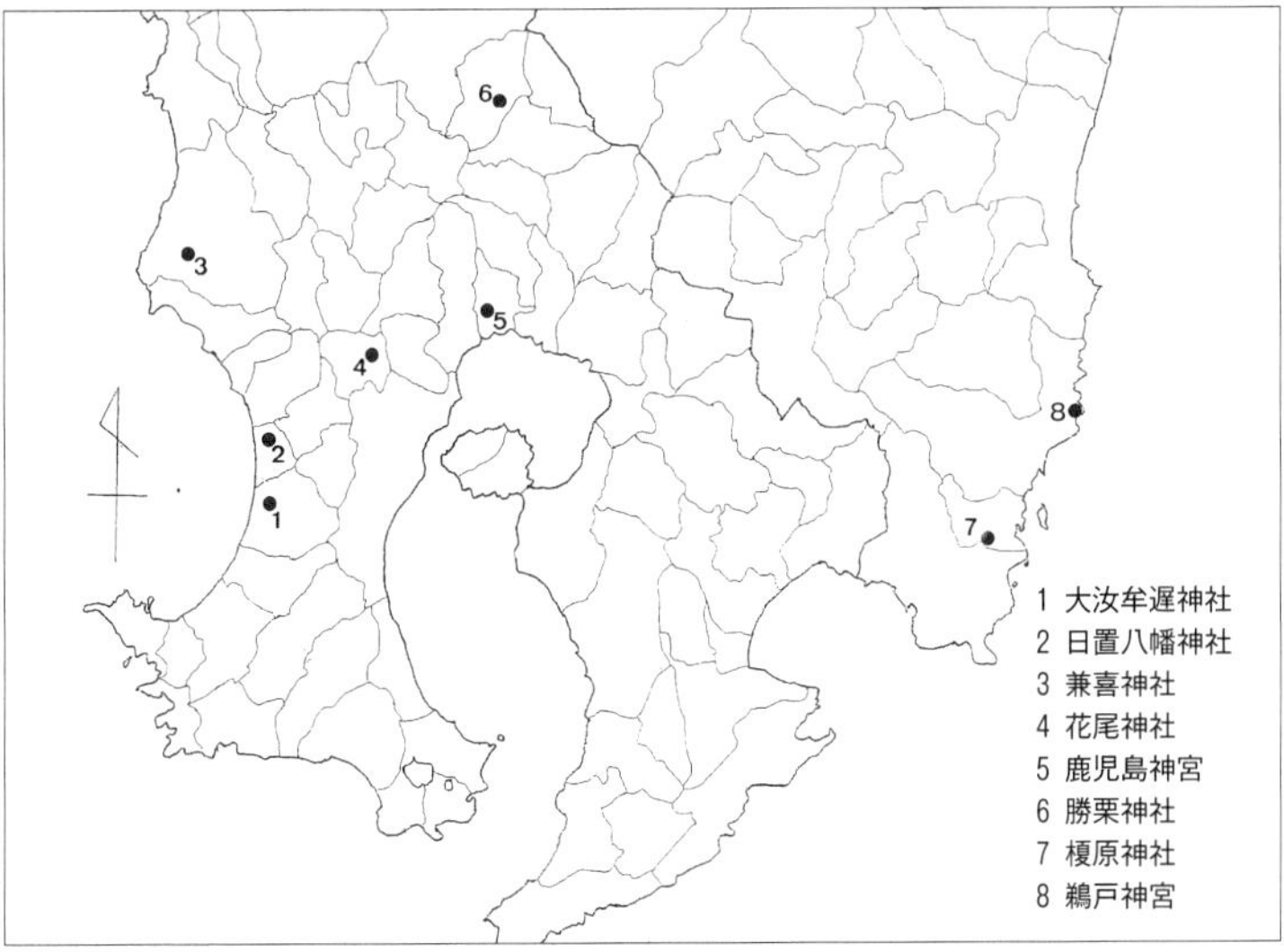

［図2-1］彩色された龍のある南九州の神社の分布図

ところで龍とは想像上の動物とはいえ、概して各動物の特徴を拝借して出来上がっており、口は鰐から、胴体は魚の鱗から、腹は蛇の腹から、角は鹿から採用したものである。その発生は中国とされ、東洋史の宮崎市定先生が六一年前の辰年、龍に関する論文を発表し、その発端は辰年の龍があまりにもでたらめであったからであった。ちょうど本稿を執筆中の二〇一二年が辰年にあたり、種々の龍が出回ったが正確でないものが多かった（宮崎 一九九三）。

『宮崎市定全集』のなかに「龍の爪は何本か」という論文がある。古代からの龍の歴史を記した上で、明代（一三六八―一六四四）になって皇帝の龍の爪を明確に規定した。このことが契機となって中国では一般に浸透し、

　皇帝：五爪

寺院：四爪
一般：三爪

と厳格になっていった。明代には五爪の服を着た一般人が処刑されるという事件まで起きたほどであった、という。

わが国には原則的には三爪の龍が一般化し、時に四爪もあるがそれは寺院関係の絵師によるものらしい。ここに紹介した龍は全体が分かるかあるいは前半身の龍で、すべてが三爪であった。この点では三爪の龍の一般化のそのものであろう。

ただし、後述の都城島津家の第二十二代の久倫の陣羽織にも四爪ということもあるので、三爪が決定的なものとはいえない場合もある。また、三爪の龍が南九州でも圧倒的に多いことは事実で、具体的には三十三カ所の石製の龍のすべてが三爪であるし、その他の一五カ所の龍柱もしかりである。改めて述べるが、わが国に伝わった龍は原則として三爪である。

参考文献

芳《かんばし》 即正・五味克夫編　一九九八　『日本歴史地名大系――鹿児島県の地名――』平凡社
重久淳一　二〇一〇　「中世正八幡をとりまく空間構造」『地域政策科学研究』第七号　鹿児島大学大学院
中村明蔵　一九八四　『日本の神々――神社と聖地――九州――』白水社
野口逸三郎　一九九七　『日本歴史地名大系――宮崎県の地名――』平凡社
宮崎市定　一九九三　『宮崎市定全集』岩波書店

三、南九州の木目のままの龍について

はじめに

ここでいう南九州とは、鹿児島県域はもちろんだが、宮崎県域のおおよそ一ツ瀬川以南を含めての呼称である。概して旧薩摩藩の範囲に相当するが、その旧薩摩藩は「龍の国」といっても差し支えないほど龍の多い地域でもある。だからこそ種々な龍があるが、もっとも象徴的な龍が主要神社の奥伝の前に建って神殿を守る龍柱である。

「龍は雲に従い雲は龍に従う」という大原則のもと、龍柱は二本の雲龍が柱に巻きつきながら昇って行き、桁の所で双方とも止まって右の隅の龍が口を開けた阿形、左の隅には口を閉じている吽形の龍という原則がある。

鹿児島県内では極彩色の龍柱をもつ神社が薩摩川内市の新田神社・指宿市の枚聞神社・霧島市の鹿児島神宮・同市霧島神宮などにあり、さらに少し渋い彩色の龍柱を有する神社が始良市の蒲生八幡神社である。その龍柱の形状は必然的に冂形となる。

この彩色された龍柱と異なり、木目のままの龍柱の系統もある。ここではその系統をまとめる。最後に少しばかり南九州と外れるかもしれないが、ここでは熊本県人吉市の国宝・青井阿蘇神社の龍をも取り上げることにする。

なお、南九州には石製の龍もあって大部分が凝灰岩製のもので、その総数は四〇カ所に分布している。これらの詳細については「五、南九州の石製龍について」で述べる。

(1) 吉利《よしとし》神社と龍

吉利神社は現在は日置市日吉町吉利にあって、かつては旧吉利村の総鎮守で祭神は鎌倉権三郎景政である。一説には本社が鎌倉の御霊社とされる。眼病に験があり、二筋の大矢・八体の木像があったという。

［写真3-1］吉利神社の本殿左右の龍

なお、元享四年（一三二四）に行われた日置北部の下地中分に関して中分線が吉利神社の東側を通っていたといわれるが、のち争論となった。いずれにしても宗教的な空間であった。宝暦三年（一七五三）写しの「吉利惣絵図」によると御霊大明神の西隣に別当寺の雄勝寺が描かれていた。その雄宮寺は今はない（芳・五味　一九九八）。

木製の龍は本殿の扉の左右の板に半肉彫りされたもので、右が降り龍で途中から頭部を擡《もた》げて阿形、左が下り龍で吽形である（写真3―1）。なお、昇り龍の上下二カ所で三爪が確認され、髭のある玉を握っている。雲が表現されているのも当然である。

［写真3-2］五百禩神社本殿入り口上の龍
（写真提供：日南市教育委員会 岡本武憲氏）

⑵ 五《い》百《を》禩《し》神社と龍

中世に伊豆国の押領使となって、伊東荘（静岡県伊東市）に在住し、その子孫の一派がかなりの変転を繰り返し日向国飫肥《おび》藩の藩主となった。一時、薩摩藩とも版図を巡って戦いになったが最終的に日向国南部の海岸線に沿って支配地を広げた。その本拠地は現在の日南市である。

幕末から明治二年（一八六九）の廃仏毀釈にも踊らず寺院なども大切にしたが、明治五年に都城県ができ、その際に都城の武士たちによって菩提寺の報恩寺が破壊された。伊東時代から約五〇〇年であることで五百禩神社を建立し現在に至っている。この神社の拝所の上に薄肉造りの龍の頭部を表現し、角や髭、さらに雲が彫り出されている（写真3—2）。

［写真3-3］兼喜神社の蟇股の龍

(3) 兼喜《けんき》神社と龍

都城市都島町の竹下橋西岸の丘陵地にあり、祭神は北郷常陸介相久である。前述したように、相久は謀反するのではと父の北郷時久に疑われ、天正七年（一五七九）に安永金石城で自害した。その霊を祀るため同九年若宮神社として創建された。のち明暦元年（一六五五）に神祇官吉田兼連《かねつら》（のち改名し兼敬《かねゆき》。一六五三—一七三一）により兼喜大明神と命名された。また、享保二年（一七三四）に神位正一位を賜った。

天明八年（一七八八）に桃山様式を模した彫刻と極彩色の跡とみられる龍柱が建っている（野口　一九九九）。なお、ここに紹介する龍は拝殿の上の蟇股《かえるまた》のなかに小さな龍と角や髭、さらに雲を彫刻したもので、三爪である（写真3—3）。

⑷ 東霧《つま》島神社と龍

ＪＲ吉都線の東高崎駅の西北の霧島山系の一部に鎮座する。かつては東霧島大権現といわれ、霧島六社権現の一つ。六神を合祀し、ご神体は十握剣である。一〇世紀に性空上人によって再建されたという伝承があり、別当寺は勅紹院である。

天正十年（一五八二）に島津義久が庄内に出陣した際に東霧島を随所とし、東霧島の座主が鹿児島の島津家久を訪問している（野口 一九九九）。この東霧島神社には本殿を守る龍柱のほかに本殿の扉の左右にも阿吽の龍がいて本殿を守っている。その龍は半肉彫りに近い彫り方であるがやや見えにくいのが残念である。ここでは図を省くことにする。

この神社の外壁には鬼面が飾ってあり、ご神体が十握剣であることから修験の神社であることは明白である。

⑸ 狭野《さの》神社と龍

高原町の佐野の地にあって旧官幣大社別宮。祭神は神倭伊波礼彦《かむやまといわれひこ》（神武天皇）など八柱で旧称は狭野大権現。康保三年（九六六）に霧島山に入った性空上人が建立した霧島六社の一つという伝承がある。江戸時代末までは六神を祀り、別当寺は神徳院。

文暦元年（一二三四）十二月の霧島山の大噴火で焼失し、天文十二年（一五四三）薩摩藩主の島

［写真3-4］狭野神社の龍（上は奥殿の扉の上、下は拝所両柱の桁の先）

津貴久の命により再建したが、狭野の古跡が失われないように島津家久により現在地に別当寺とともに建設された。しかし、享保元年（一七一六）からの霧島山の大噴火で三度目の焼失により霧島岑神社に遷座した。狭野の地は神武天皇の生誕地でもあり、同六年（一七二一）には現在地に移った。参道は数百メートルにわたって杉の大木でブッポウソウの営巣地でもある（野口 一九九九）。

一般的には神社では拝所の両柱を固定する桁の両先に、象形が配されているが、そこに玉を握る焦茶色のかわいい龍を配置し、右が阿形・左が吽形でそれぞれが玉を握る。さらに奥殿の扉の上に西向きの同じ色の龍を配している（写真3－4）。いずれも雲が表現されている。

(6) 青井阿蘇神社と龍

ここで熊本県人吉市の青井阿蘇神社の龍について述べることにする。この青井阿蘇神社は、平成二十年（二〇〇八）に国宝に指定されたもので、それ以前は本殿・廊・幣殿・拝殿・社務所・神楽殿・楼門などが重要文化財に指定されていた。祭神は阿蘇都姫命などで、社伝では大同元年（八〇六）の創建という。

［写真3-5］青井阿蘇神社の阿吽の龍

寛元二年（一二四四）の相良文書に「青井大宮司之北垣根本」と記され、人吉荘の相良氏の保護のもとに人吉の総鎮守として繁栄する。また、文明二年（一四七〇）相良氏が八代攻撃に成功し、その成果を子息長毎《ながつね》へ報じ「青井三之御宮ニ早々まいられせへく候」とあり、天文十四年（一五四五）には「青井鳥居立……」

と鳥居を建立している。さらに永禄二年（一五五九）の記録によると、相良氏個人の信仰ではなく家臣団統制のための神社という位置づけとなる。近世になると大宮司は人吉藩内諸社の筆頭として諸社支配の任にあたるようになった。

現在の神殿は慶長十四年（一六〇九）、相良長毎の命により本殿造営に着手し、続いて幣殿・拝殿・楼門と進め、同十八年に完成した。桃山風の豪華な建築様式を今に伝える。本殿と拝殿は続きの茅葺寄棟である（松本　一九八五）。

なお、龍は拝殿と本殿の境にあり、木製板状の龍で、角や髭と見事な雲も表現されている（写真3―4）。ただ、爪の数が見えにくいが円形の隅の方に三つの爪らしいものが確認される。玉は握っていない。

若干のまとめ

まずここではこれらの木製の龍の分布図（図3―1）を示しておこう。この分布図によって木製の龍が鹿児島県内には吉利神社の一例だけで、あとは宮崎県南部と人吉市に限られるという特徴が分かる。もちろん調査範囲を広げればもっとすばらしい龍がいるかもしれないが、現状では一ツ瀬川以南地域の龍の研究に限定したいと思う。

なお、木製の龍柱の例は霧島岑神社だけをここでは紹介したが、旧延岡藩の飛び地であった宮崎市北部の眼病をなおすという生目神社にも木製の龍柱がある。

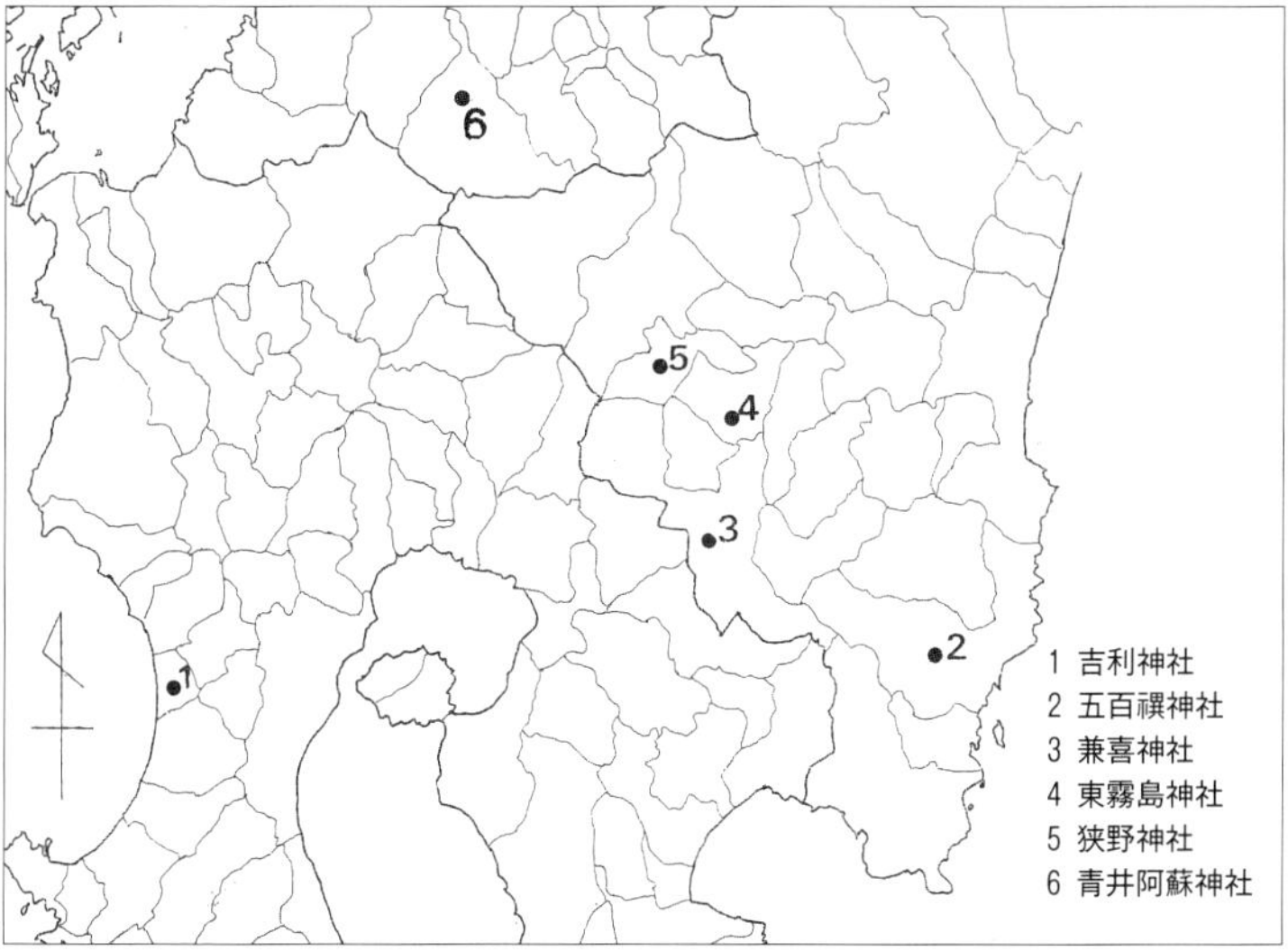

［図3-1］南九州の木目のままの龍の分布図

さて、南九州の龍はほとんどが三爪であるという特色を有するが、木製の龍のなかで明確に三爪であるというのは吉利神社・兼喜神社・霧島岑神社の龍柱の龍だけであるといってよい。日南市五百禩神社のように頭部だけであるが雲龍になっているものもあるし、人吉市の青井阿蘇神社の龍のように三爪らしいが明確でないのもあったりで、やや変化に富んでいるといえよう。また、東《つま》霧島神社のようにやや確認しにくい龍もある。

最後に、霧島山系の神社の項で必ず登場する性空上人は、応和三年（九六三）に霧島山に登り草庵を建てて布教に取りかかったが、火山活動などの影響で地が動いたことにより四年だけしか霧島山にはいられなかった修験僧で、霧島山のあと背振《せぶり》山（肥前と筑後の境の山）を開き、最終的には播磨の書写《しょしゃ》山（兵庫県姫路市）で活躍しそこで生涯を終えた。
その草庵からの影響のもと成立した神社が、かの有名な霧島神宮であり、本稿で取り扱った霧島中央権現（現・霧島岑神社）であり、もう一カ所は御池の側の霧島東神社である。その地のほとんどの神社に性空上人がかかわったと記されているのは、すべて伝承であると思う。

※　　※

なお、本小論をまとめるにあたり、次の方々のお世話になった。明記して謝意を表したい。各神社の宮司の方々、人吉市教育委員会の二村講介氏、歴史学者の竹森友子氏、日南市教育委員会の岡本武憲氏である。岡本氏の場合は取材で案内までしていただいた。心から御礼申し上げる。

主要参考文献
芳　即正・五味克夫編　一九九八『日本歴史地名大系　第47巻　鹿児島県の地名』平凡社
野口逸三郎編　一九九九『日本歴史地名体系　第46巻　宮崎県の地名』平凡社
松本雅明編　一九八五『日本歴史地名体系　第44巻　熊本県の地名』平凡社

四、南九州の種々の龍について

はじめに

ここでは南九州の種々の龍について述べることにしよう。南九州の龍は出土品であったり、絵巻き物のなかの龍であったり、文献に記されている龍、あるいは薩摩の武士の一般的に祠堂《しどう》型といわれる墓石に薄く残されている例もある。

これらの龍をここで扱うが、ある意味雑多の龍といってもいい。しかし、なかには国指定文化財もあって変化に富んでいる。最後に藩主の斉彬公（在位一八五一―五八）が赤松家に下賜した陣羽織をも紹介し、さらに鹿児島市立考古歴史館所蔵の龍を追加する。記述にあたりなるべく年代順に述べることにする。なお、参考文献は巻末に記している。

(1) えびの市出土の「銀象嵌龍文大刀」

宮崎県えびの市の島内第一一四号地下式横穴墓出土とされ、二〇〇八年に発見されたこの太刀をレントゲンにかけると、三爪の「銀像嵌龍文大刀」で、角も表現されている。太刀は長さ九八・六センチあり、その時期は六世紀前半のものと思われる。

発見当時錆びついていて象眼があることは分からず、その後のエックス線検査で銀象眼が発見されたものである。龍の長さは八・四センチである（写真4－1）。爪数は三爪である。なお、鞘口金具の下に満月のような象眼もあるという。

［写真4-1］えびの市島内114号地下式横穴墓出土の銀象嵌龍文大刀（写真提供：えびの市教育委員会）

(2) えびの市の絵巻物

同じくえびの市郷土資料館に展示されている絵巻物の一部に龍の絵が表現されている。雲もともない龍の髭も表現されている。残念ながら龍の爪数が不明であるが、龍の後ろには天女も描かれている。

もとは大永五年（一五二五）三月作で、筆者は那須

［写真4-2］えびの市郷土資料館の絵巻物の龍

権之介亮永の花押が記されている。持ち主はえびの市大戸諏訪神社の神主黒木次郎兵衛家貞で花押があり、絵師は高岡住人為兵衛である。もとは上巻が長さ二一・四センチ、幅三〇・五センチ、下巻は一五・一二センチであるが、時が経つにつれ破損が激しく、展示作品は明暦四年（一六五八）八月吉日に写し替えたものである。

それにしても龍の背に鱗があり、腹には蛇のような横線があり、角も表現されている（写真4－2）。なお、龍と天女が同時に描かれている例は他にもあるので不思議ではない。

⑶ 旧宮之城町の興詮寺の天井画

旧宮之城町（現さつま町）の広瀬集落の小学校の隣に、一五世紀に建立したという興詮寺がある。もとは真言宗の寺院で今は西本願寺系の寺院となっている。平成十二年（二〇〇〇）の鹿児島県教育委員会の調査によって一五世紀ころの建物であることが明確になり、県の文化財となった。

長方形の横木を五段ほど組み上げて天井に達するという構造であるが、明治二年（一八六九）を中心とする廃仏毀釈の嵐のなか、この寺院は生き延びてきた。桂樹院の札所ということで破壊を免れたのであった。桂樹院とは島津義弘の娘「お鶴」のことである。そのお札（位牌）には、次のように記されている。

桂樹院殿　慶安二己丑八月十七日
　　　　　虚窓従白黄生
　　　　　安永丙子霜月廿日
真言　　　機過休外大禅定門　　　尊霊位
　　　　　寛文八戊申十二月十二日

ここまでは歴史的建物としての歴史そのものであるが、ここの龍の天井画も以前は残されており、すでにお線香の煙の影響をうけ、やや薄くなりかけていた。平成十二年ころのことであった。少なくとも二頭の龍がおり、おそらく阿吽の龍だと思われる。その時点で保存の処置をしておけばと惜しくてならない。一五世紀の建物と龍の天井画が揃っていれば、国の重要文化財級ではと考えるのである。

［写真4-3］旧長年寺の祠堂型墓石の龍（爪数が雲にかくれて不明である）

⑷ 旧長年寺跡墓地にある祠堂型墓石の龍

薩摩では郷士級の武士が死亡すると石製の四角の堂に屋根を乗せた祠堂型墓石を作り、そのなかに墓碑をいれる習慣があった。しかも正面には円形の穴をあけ、そこから墓碑の一部を知ることができる。ここに述べる祠堂型墓石は旧加治木町（現始良市）の今はなき旧長年寺跡墓地にあるもので、全体の高さは一〇七センチ、堂の高さは六五センチ、正面の幅五四センチで、ほぼ真ん中に開けられた穴の直径二一・二センチである。

その穴から覗くと「大姉」と見えるので奥方のお墓であることが明確となる。その穴の上に長さ一二センチの薄作りの龍が刻まれ、当然のごとく雲もともなっている。龍の髭まで表現しており、小さいながらも立派な龍である。さらに死亡年月日も明確で右側に「寛文十二年」、左側に「六月廿日」と記されている。寛文十二年は一六七二年に相当する（写真4－3）。

その後、約一カ月ほどしてご主人が亡くなっている。当然のように奥方の隣に祠堂型墓石があり、そこには筍掘りの名人であったらしく、その様子が表現されている。なお、ご主人死亡年は同年七月九日となっている。

(5) 四爪の陣羽織

南九州唯一の四爪の陣羽織がある。都城島津家第二十二代の島津久倫公の陣羽織で、晩年になって仏門に入ったわけでもない。ただ、この四爪の陣羽織の龍の角に注目していただきたい。よく見ると角の先が上の方にほんの少し上がっている。この特徴は琉球王の尚氏の盛装の「唐御衣装」に非常によく似ているという特徴がある（写真4―4）。

ということは、歴代の中国王朝での龍の角の特徴に通ずることになるであろうか。いかがなものであろうか。さらに舌の曲がり具合まで似ているので、日本製ではないような気になる。

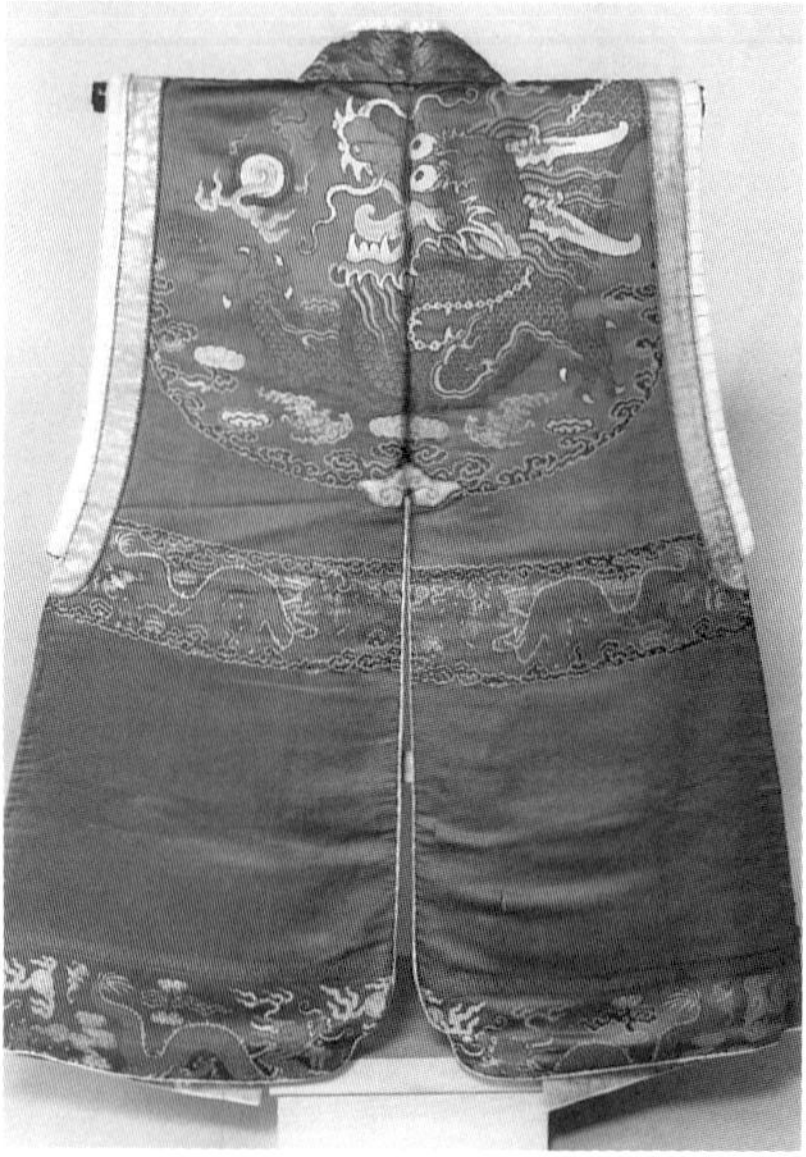

［写真4-4］都城島津家久倫公の陣羽織
（写真提供：都城島津邸提供）

⑹ 鵜戸神宮の天井画の龍

鵜戸神宮についての説明は前述しているので重複を避けるが、神宮そのものは海からの渡来神で、その神をここに連れてきたのは吽形の龍である。阿形の龍が拝殿の左入り口に描かれているので、そっと渡来神を運び入れたのが吽形の龍であった。

ここには、前章で取り上げた極彩色の阿吽の龍が拝殿の両隅にあって、さらに天井に龍が描かれている。絵師は以前から不明で、時が経つうちに本来の龍の天井画が薄れてしまい、平成になってから描き直したものである。左の前肢の三爪でしっかりと玉を握り、私にとっては忘れ難き天井画である（写真4―5）。

［写真4-5］鵜戸神宮の龍の天井画
（作者不明）

⑺ 古川古松軒『西遊雑記』の記録

古川古松軒《こしょうけん》（一七二六―一八〇七）は、もとは薬種業が主でのち長崎で蘭学の研究をして医者になった人物である。地理を好み各地を闊歩することを喜んだという。天明三年（一七八三）三月に下関から日向へ、さらに南下して薩摩に入り、天草・長崎を旅して『西遊雑記』を著した。そのなかに鹿児島での龍の天井画に関する記録を残している。

「寺院多数あり、中にも福昌寺と號する石屋禅師の開祖、国の守代御墳墓の地にて大守には寺領千石寄附にて……数百年もふりにして古跡所と見へ御墓など御念のいりし事……禅堂……天井に『くわん龍』を畫き狩野の深雪の筆なり、……本堂の額には勅願所と斗り有り、祖師堂には智日堂といふ額をかけ、側に石屋禅師の徳を挙し碑石建つ。大いなる碑にて壹龜の細工ふるびて生きるがごとし、山の岩間より龍を彫りて龍の口より吐出せる細工目を驚しぬ。仁王門の前は大ひなる蓮池にて橋かゝれり」（カッコ内は筆者。古川　一九七〇）

このうち「龍の口より水を吐出せる」の部分はすでに『鹿児島考古』第四六号でふれているが、ただ天井画の「くわん龍」についてはここで初めて公にする。さて、漢字でどう書けばよいのだろう。

ただ、絵師の狩野深雪（一六五五―一七一四）が描いたと記されているので、いつ薩摩までやって来たのか興味津々である。一七世紀中に薩摩に来たのであれば、大変な業績であるが、古文書による裏付けが必要となる。狩野深雪は狩野探幽の次男で、その業績は私にはよく分からない。

⑻ 高木善助の「薩陽往返記事」の龍

もう一つ文献からの龍の資料をここに提示する。それは江戸期の大坂商人高木善助（?―一八五四）の紀行文である「薩陽往返記事」にあるものでここに紹介する。

幕末近く薩摩では莫大な借金を抱え、藩倒産を救うべく登場したのが調所《ずしょ》笑左衛門広郷（一七七六―一八四八）であった。調所に救いの手を差し延べたのが大坂商人の平野屋五兵衛、炭屋彦五郎、近江屋半左衛門などであったという。もちろん、調所そのものも対外貿易をはじめ殖産興業策を大規模に推進した。そのころ善助は薩摩への往復六回という多きにわたっている。

「晝後城下遊覧。御城山に続きたる東の山麓なる大乗院といへる勅願所の寺あり。真言宗にて、山門に石の金剛神、樓上の額篆書にて寶成就寺横額、門前阿伽灌頂水有て、近邊の名水慣ればば、上町の家々日々に汲とるなり。門を入て左右坊中十ケ院ばんり通りて、渓水流れ石あり、橋を渡りて樓門に至り、是を入て境内本堂唐破風造り、階の前左右の軒柱、悉く雲龍水中に珠を弄する彫刻彩色なり、本堂の左太子、是も同じく唐破造り、軒柱の彫刻雲龍天人なり」（高木　一八二八）。

この記録から、大乗院に龍の絵画が二カ所にわたって記されていたことになる。なかには龍柱があったのかもしれないと思っている。珠を弄する龍となるとますます龍柱に近くなるようにも思われる。

⑼ 志布志の旧宝満寺の青銅製香炉

次に紹介するのが、志布志にあった旧宝満寺の三脚の青銅製香炉である。明治二年（一八六九）を中心とする廃仏毀釈によって薩摩の寺院は徹底的に破壊されたが、宝満寺の住持であった円道和尚が親交のあった漢方医の田中源左衛門を頼って疎開させたものと思われる。そのなかにこの青銅製香炉が含まれていた。

［写真4-6］志布志市旧宝満寺の香炉
（田中家蔵　写真提供：志布志市教育委員会）

蓋の中心に獅子が、左右に阿吽の龍がいる構図の香炉である。龍の胴に火炎があるので日本製であることは間違いないが、その年代は廃仏毀釈からやがて一五〇年という年代を経過し、さらに宝満寺に置かれていた年代を考えると数百年の歴史があるように思われる。

この香炉の最大の高さは一六センチで、左右の最大幅が二二センチである。龍の図柄をよく見ると阿形が左にあって角もあり、その胴は吽形の近くまで伸びており、背に鱗の群れを印し、腹には蛇と同じような横線を表現し、龍の尾は少し開いている。胴の真ん中近くに「火炎」が印されている。

吽形の場合も同じく胴には鱗があり腹に横線があって、その中ほどに「火炎」が表現されている。しかも胴の後半は阿吽ともども腹を出しているのが特徴でもある（写真4―6）。

なお、普通なら右に阿形があり、左に吽形があるのを原則とするが、この香炉の場合は右に吽形、左に阿形がある。すなわち逆になっているが、この形式の龍も各地にあってそれは良しよう。なお、龍の前肢だけが三爪で、後肢は見当たらない。

⑽ 指宿神社の龍清水

ここに紹介するのは陶製の龍清水である。弘化四年（一八四七）に調所笑左衛門広郷によって指宿神社に送られた手水鉢《ちょうず》の側に龍清水があり、陶工は指宿長太郎、焼窯主は長太郎焼三代目、有山流石氏によって奉納されたものである。その時期は太平洋戦争後のことで、年代的には新しいが南九州唯一の陶製龍清水ゆえにここに紹介する（写真4―7）。

近年、青銅製の龍清水が各地の神社にあるが古くても三、四〇年である。それに比べると七

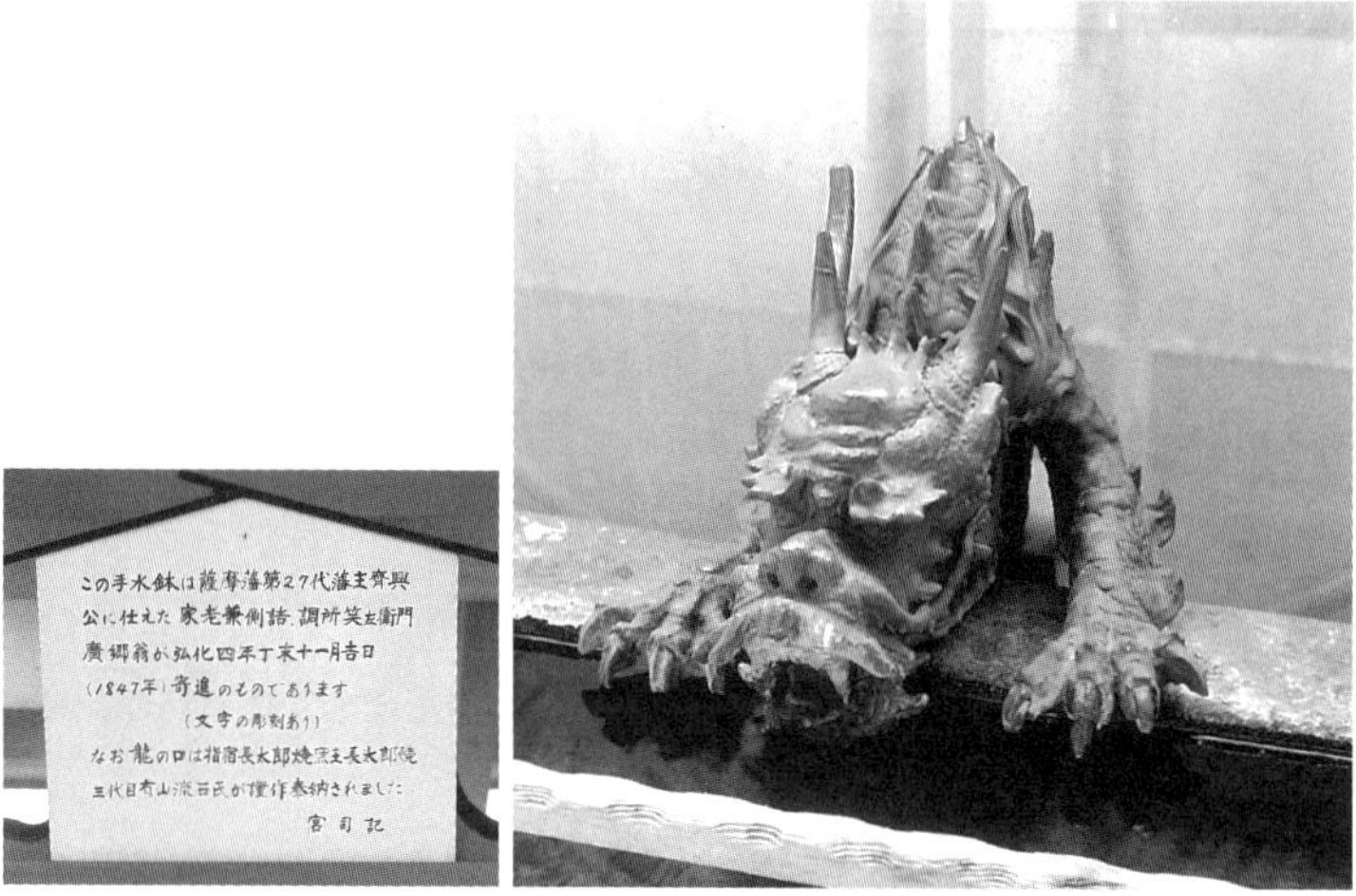

［写真4-7］指宿神社に寄贈された陶製の龍

〇年以上の歴史がありここに紹介するが、残念ながら四爪である。しかし龍としての出来栄えは何よりも素晴らしいと思う。龍の髭や角も立派に表現されている。

さて、指宿神社には次のような歴史があるのでここに紹介しておこう（芳・五味　一九九八）。

「JR指宿枕崎線の二月田駅から西方約五〇〇メートルに鎮座する。祭神は本殿主神に天照大神、相殿に九柱、その他の諸社にもそれぞれの神がある。天智天皇の臨幸した際の通過点にその霊を祭るために慶雲三年（七〇六）に造営された。

貞観十六年（八七四）開聞岳の大噴火の際に今の枚聞神社が指宿神社に避難してきたことがあった。一時島津氏との争論もあったが近世になって島津氏の崇敬をうけている。現存の社殿は島津斉興（在位一八〇九―五九）によっ

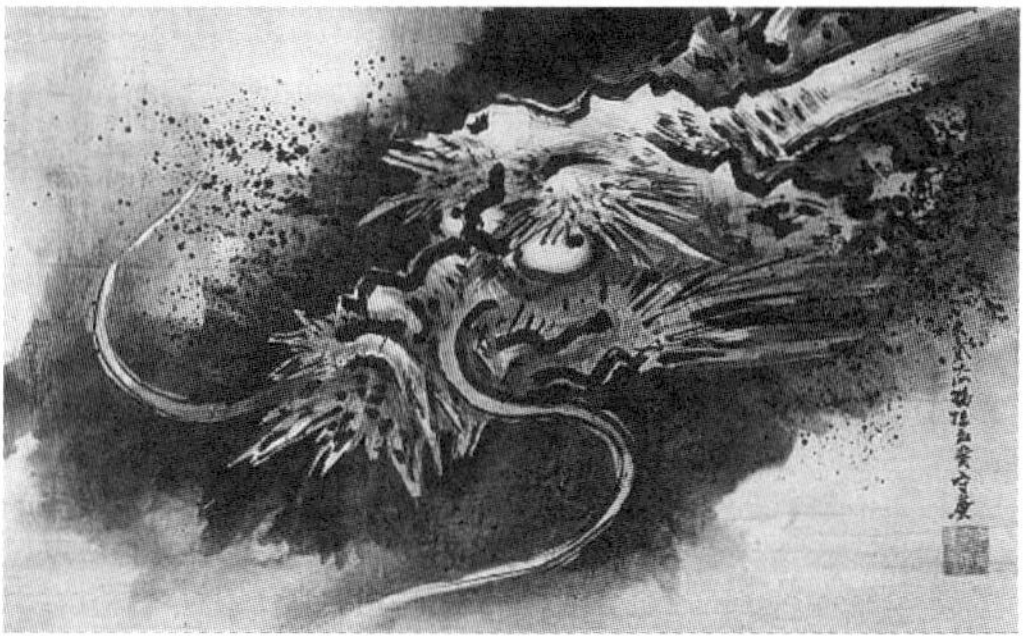

[写真4-8・9]
木村探元の龍
（上：尚古集成館蔵。
図録より転載。
下：鹿児島市立美術館
より写真提供）

て改修されたものである」

⑾ 探元の龍図二点

薩摩藩に仕えた絵師木村探元（一六七九―一七六七）は薩摩藩の援助のもと素晴らしい龍の絵図を残している。約二十数年前に鹿児島市立美術館で木村探元展覧会があり、その図録から転載が許されたのが上の龍である。本来の所蔵は尚古集成館である（写真4―8）。

解説によると、

「暗雲たちこめるなか、龍の頭部が力強く描かれている。龍は風雨を呼びおこすという中国においては神格化され架空の動物であるが、日本人が描くと、どことなくユーモアを感じさせる。本作品の龍も上目づかいに表され、恐ろしいよりも親しみを帯びている。探元四十七歳、作画活動中期の作品。探元の剛胆な筆力を示すと同時に、筆墨の使い分けには繊細な注意がはらわれているのを見ることができる」と記されている。「上目づかい」と記されているのは「八方睨み」のことで、龍の特徴でもある。残念なことに爪数が明確でない。三爪らしいという程度である。

［写真4-10］斉彬公より下賜された群龍の陣羽織

二点目が鹿児島市立美術館蔵の陣羽織の龍図である。まったく爪が描かれておらず、実に残念であるが、龍そのものの鋭さはよく分かるし、八方睨みであるのでここに掲載する（写真4－9）。

⑿ 斉彬公から下賜された龍模様の陣羽織

第二十八代藩主島津斉彬は在位が一八五一－五八年の八年間という短命の藩主であったが、薩摩にとっては重大な業績を残した殿として有名である。集成館事業による洋式繊維機械の導入、製鉄事業・ガラス工芸事業などで、現在は世界産業遺

［写真4-11］屋久島町永田呉文寺の龍虎の龍（須弥壇の最上にあり、3爪である。虎は右側の壁の側にいる）

産に登録されている。そのすべてをこの斉彬が成功させたのである。

その斉彬公が家老級の赤松家に下賜した龍模様の陣羽織がある。県立歴史資料センター黎明館に保存され、展示担当の町田氏より連絡をうけ、撮影の機会をいただいた。龍群集の陣羽織であり、すべての龍が四爪である。

時に火炎を有する龍もいるので、間違いなく国産（おそらく京都産）の織物である。分かりやすくするために後だけ図示することとする（写真4―10）。なお、下賜された赤松家ではすぐに家紋を入れている。

⒀ 屋久島永田呉文寺の龍虎の龍

屋久島町永田集落の呉文寺（浄土真宗西本願寺派）に龍虎の絵画があることは、あまりにも有名であるが、まだ一〇〇年も経っておらず、歴史的に浅いのである。

数年前のことお邪魔して何枚もの撮影を行ったのだが、残念なことにカメラの調子が悪くやっと須弥壇の上の西向きの龍だけの撮影成功であった。西壁近くの虎の撮影は見事に失敗した。カメラの修理もきかず、新しく購入することになった。再度の屋久島取材が必要である。

この龍虎の絵は歴史的な試練を受けさえすれば、屋久島の龍の文化にとって貴重な絵画資料になることは間違いないと考えている。大切にして保存してほしいと願うばかりである（写真4―11）。

若干のまとめ

(1)の銀象眼の太刀については明らかに六世紀前半に中央集権から下賜されたもので国の指定文化財になっている。えびのの島内にこれだけの実力者がいたという証明でもある。南九州の土器に記された龍については東和幸氏がまとめており（東　二〇〇六）、それによると万瀬川周辺と宮崎方面からの土器への龍の多さについて記している。

(2)についてはよくこれだけの絵巻物が残っていたと感激している。

(3)については、薩摩藩での廃仏毀釈の激しさは他に例を見ないほどで、鹿児島の寺院文化のほとんどが失われるなか「お鶴」の札所ということで今まで残ったことが不思議でならない。ただ、島津義弘は関ヶ原の戦いで徳川陣の真ん中を突っ切って藩に帰ったといわれ、鹿児島ではもっとも崇敬高き武将として評価されている。その娘が宮之城島津へ嫁いだのである。その札所ということで寺院が残ったことは何と素敵なことであろう。

なお、興詮寺の墓地には「お鶴」のやや細長い五輪塔が残され、そこに丸に十の字が刻まれている。
(4)の祠堂型墓石に記されている薄作りの龍も珍しいが、その年代に注目する必要があろう。もっとも古いのが、(7)の引用文のなかにある「山の岩間より龍を彫りて龍の口より吐出せる細工目を驚しぬ」とある石製の龍だが、古く慶安元年（一六四八）であったが、龍に注目すれば祠堂型墓石の龍がもっとも古いことになる。
(5)南九州唯一の四爪の陣羽織である。本文中にも記したようにおそらく清代のものであろう。都城島津家の支配地には一六世紀から一八世紀にかけて唐人町があったといい、明らかに清の陣羽織と思われる。久倫公の壮年期に送られたものであろう。
(6)・(7)・(8)については本文に付け足すことはないが、禅堂の天井画の筆者が狩野深雪の筆というのには驚く。いつ薩摩に来たのであろうか。薩摩藩の菩提寺である福昌寺まで破壊されているので、文献史料を探すのは難しいのではと危惧している。
(9)の志布志の宝満寺の青銅製の香炉は、阿吽の龍が陽刻された鋳物ではあるがなかなかの出来栄えである。左右の龍が反対であるのが少し残念である。志布志在の米元史郎氏からは、安政年間の一八五五年の海岸防備用仏用品供出に先立って、田中家へ避難譲渡されたものではないかという重要な見解をいただいた。明記して御礼を申し上げる。

⑽は本文のままでよいとして、⑾は薩摩藩のお抱え絵師の木村探元の龍の絵である。素晴らしい龍の絵を残していることで有名である。

⑿に取り上げるのは四爪の陣羽織で、そのものは立派なものであるが、龍の位置づけを考えてみると、正面の肩の所に下半身が見える龍の構図はいただけない。厳密にいえば、袖にそれぞれ巻龍がおり、背に大きな巻龍がいて玉を握っている構図が殿の本来の龍の構図である。あまりにも龍が多すぎて、火炎をつけている龍も数点ある。正直にいえば雑多すぎるという指摘もでそうである。それでもここで報告できたのは幸いであった。

ここに示した龍の爪は四爪の陣羽織二点と陶製の龍を除いて他の龍はすべて三爪であるという原則が貫かれていることを述べておきたい。ただ、都城島津家の陣羽織はおそらく清王朝製であり、斉彬公が赤松家に下賜した陣羽織はおそらく京都産であろうという結論である。

※　　※

なお、本稿を認《したた》めるにあたり次の方々のお世話になったので、明記する。えびの市教育委員会の中野和浩氏、旧加治木町教育委員会の故関一之氏、都城市島津邸の山下真一氏、都城教育委員会の桒畑光博氏、興詮寺の皆様、志布志市教育委員会、香炉は田中家の所有である。志布志市の米元史郎氏、黎明館の町田剛志氏である。心から御礼申し上げる。

主要参考文献

高木善助　一九一〇「薩陽往返記事」『日本庶民生活史料集成　第二巻　探検・紀行・地誌・西国編』三一書房
東　和幸　二〇〇六「南九州地域の龍」『原始絵画の研究　論考編』六一書房
古川古松軒　一九一〇「西遊雑記」『日本庶民生活史料集成　第二巻　探検・紀行・地誌・西国編』三一書房

五、南九州の石製龍について

はじめに

南九州で石製の龍が圧倒的に多いのは旧薩摩藩内である。なかでも現在の鹿児島市内にもっとも多く、年代的に古いのも鹿児島市内にある。二番目に古いのが大崎町の修験僧の墓地の龍である。その他、宮崎県内にもある。順次説明するが、なにしろ相当の事例があり、どうまとめるかで少しばかり頭を捻っている。

さて、龍には種々の原則や言い伝えがあって、それがはからずも龍の特徴を表現するものとなっている。例えば、薩摩川内市中村の石製の倶利迦羅《くりから》龍王（不動）は不動明王の剣に龍が絡むものを指し、仏法の本尊を守る八部衆の一つで、県内に石製のものはこの一例だけである。

ところで、石製の龍となるとその製作は石材に左右される。いい石材がないと遠くまで運ばれる例もある。一一万年前の鹿児島湾入り口の阿田噴火の溶岩を用いる例が二例、他は一〇万年前の加久藤噴火によってできた凝灰岩を用いる例が圧倒的に多くなっている。なかでも鹿児島市の反田土石製の龍製品に多い。なお、以下で龍の高さを測る場合、土台を除いての高さを原則としている。

また、龍製品の呼称について一定の規制を用いなければならない。龍が上にあってその下に灯籠がある場合は龍灯籠、その逆の場合は灯籠龍と呼ぶことにする。なお、灯籠とは火袋のことを指す。龍の頭部だけのものもありその際は龍頭部と呼ぶことにする。また、鹿児島県内には龍が石製の鉢を抱えている例が三例あるが、随時説明することにしよう。

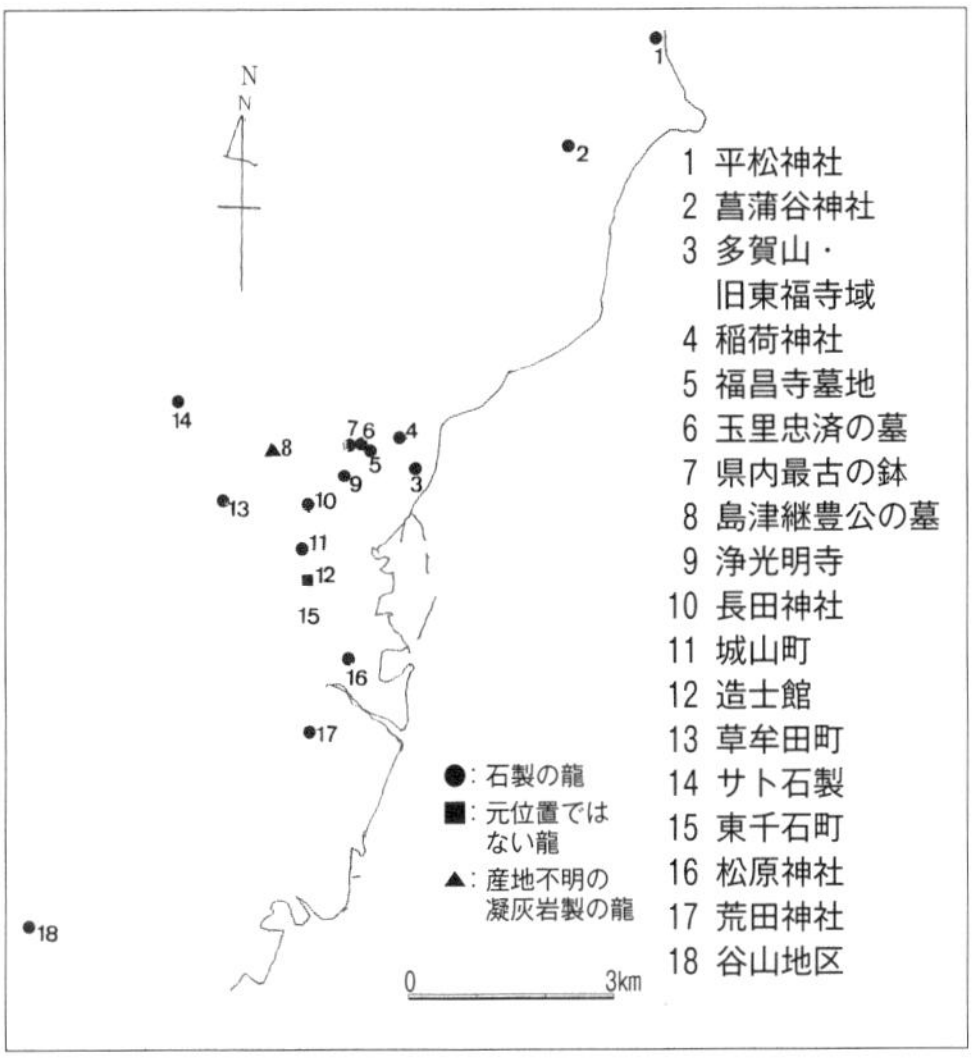

N
1 平松神社
2 菖蒲谷神社
3 多賀山・旧東福寺域
4 稲荷神社
5 福昌寺墓地
6 玉里忠済の墓
7 県内最古の鉢
8 島津継豊公の墓
9 浄光明寺
10 長田神社
11 城山町
12 造士館
13 草牟田町
14 サト石製
15 東千石町
16 松原神社
17 荒田神社
18 谷山地区
●：石製の龍
■：元位置ではない龍
▲：産地不明の凝灰岩製の龍
0
3km

［図5-1］ 鹿児島市内の石製龍の分布図

一、鹿児島市内の石製龍

まず、鹿児島市の龍の分布図を作成することにする（図5―1）。その量が膨大な上、文字があるものとないものがある。ここでは特徴的な事例を図示することにする。

なお、ほとんどの龍製品は昇龍の形式で、このことはすでに町健次郎氏（町　一九九八）によって指摘されているとおりである。ただ、町氏の調査された時期よりも今日では遥かに多く、四十数カ所にわたり分布している。

［写真5-1］平松神社の龍清水
（上顎はコンクリート補修）

(1) 平松神社の龍清水（高さ一三八センチ）

島津義久四兄弟の一人歳久（一五三七—九二）が豊臣秀吉の九州進出に抗し、秀吉より死罪が申し渡され、この地で切腹することになったという。

かつては心岳寺と神社があったが、廃仏毀釈によって平松神社となる。龍清水は三段組み立て式で、現在でも常に清水を流している。石質は旧加治木町の桃木野石である（写真5―1）。

(2) 菖蒲谷神社の境内にある龍灯籠（高さ二一三センチ）

灯籠の柱の部分は雲を表現し、傘の部分に龍が乗る形式である。神社の関係者は菖蒲神社と呼ぶが、地域の人々は菖蒲谷神社という。龍の爪は通常三爪であるがここだけ二爪である。

旧暦の一月・五月に二十三夜の月待ちの行事が行われて、太平洋戦争時は出征した兵士の無事を祈ったという。徹夜で無事を祈る行事で、一番鶏の鳴き声ですべての邪気が払われ、二十三夜の行事がお開きになった。なお、龍部分の石質は反田土石である。

［写真5-2］多賀山公園最高所の石製龍

⑶ 多賀山・旧東福寺域の龍灯籠

明治になってからのもので、前肢で灯籠を持つ形式となっている。高さ一一三センチ。多賀山公園の一番高所にあり、かつてここに寺があったらしく、今現地に行くと何となくその跡と思われる場所にある。反田土石製で、二段の組み立てで、文字も刻まれている（写真5―2）。

［写真5-3］稲荷神社の龍清水

⑷ 稲荷神社の龍清水

三段の組み立て式である。高さ一二一センチ。島津氏の歴代の兜の前立ての中心に稲荷が取り付けられていることは有名である。ここの稲荷神社は市来郷の稲荷神社を勧請したものである。

なお、上町地区においては正月などに五カ所の神社にお参りするのが風習であったという。ほぼ茶色の凝灰岩製である。文字も刻まれている（写真5―3）。

(5) 福昌寺墓地入り口近く伊地知家の庭にある龍灯籠

［写真5-4］伊地知家の庭の龍灯籠

庭の植木の中に建っている。高さ一四三センチ。灯籠部分もよくできており、龍はその上の柱に巻きついたもので、やや小振りとはいえなかなかよい出来栄えである（写真5―4）。福昌寺には薩摩藩歴代当主の墓地がある。

(6) 玉里家久光公の子息忠済（勲一等従一位）とその妻田鶴子の神式墓の前庭にある龍清水

両眼を残して口の部分が破壊されている。はじめから破壊されたままでここにあるというのは合点がいかない。おそらく廃仏毀釈によって破壊された龍清水をここに置いたものと思われる。かなり硬い石でできている。高さ一一八センチである。

［写真5-5］県内最古の鉢を持つ龍
（上顎が失われている）

(7) 県内最古の鉢をもつ龍

同じく福昌寺にあり、二十五代島津重豪の墓域には亀扶もあって、その一隅に鉢をもつ龍がある。もとは福昌寺の入り口の池の側にあって池に水を供給する龍であった。一石作り（石の高さ一二〇センチ、幅一一〇センチ）である。龍が前肢で水鉢（径三七センチ）を抱えるタイプの製品である。龍の上顎は失われているが、古い時期の反田土石製である。文字が刻まれている（写真5—5）。

(8) 島津氏第二十二代継豊公（在位一七二二—六〇）の墓域入り口に建つ石龍

高さ一三〇センチで、花尾石か花倉石のどれかでできた素晴らしい龍塔である。硬い石に龍が刻まれている。刻むのが相当に困難であったろう。灯籠部分は反田土石製で今は年号が消えている。その上に傘石を被せている。なお、龍塔の高さは一三〇センチである。石傘を入れるとかなり高くなる（写真5—6）。

［写真5-6］継豊公墓石前の傘を持つ石龍

(9) 浄光明寺の龍清水

西南戦争の戦没者墓地に、廃仏毀釈以前は浄光明寺があったが、その後西南戦争の戦没者の墓地となる。今はその一段下に時宗の浄光明寺があり、その入り口にある。高さ一三〇センチ。常時清水が垂れており、まわりに苔類が密生している。その下に四角の石製の鉢があって、そこに柄杓が置かれている。石質は反田土石である。

(10) 長田神社の手水鉢

長田町にある長田神社の境内にある。鉢の高さ六四センチ、直径は九〇センチである。かな

［写真5-7］長田神社の阿吽の龍（上が阿形で土台に吽形）

り重厚な作りの手水鉢で、その胴のあたりに阿吽の龍を削り出している。口の部分は壊されている。角の長さは残り一一・五センチである。文字も刻まれている（写真5−7）。また、境内には仁王の顔だけがある。

なお、長田神社はこの西上にある城を守るために現在地に作られた神社である。

⑾ 城山町の個人所有の龍灯籠

灯籠の上に龍が巻きつく形式である。高さは二五二センチもある。前肢・後肢とも省いているので時期的には新しいと思われる。以前は旅館を経営していたようである。

⑿ 造士館の双龍

二十五代の島津重豪によって建てられた造士館の入り口近くの池の両側にあった龍で、記録によると「水を吐き、水を飲む」とある。その池（図5−2）にかかる朱欄橋を渡ると両側に麒

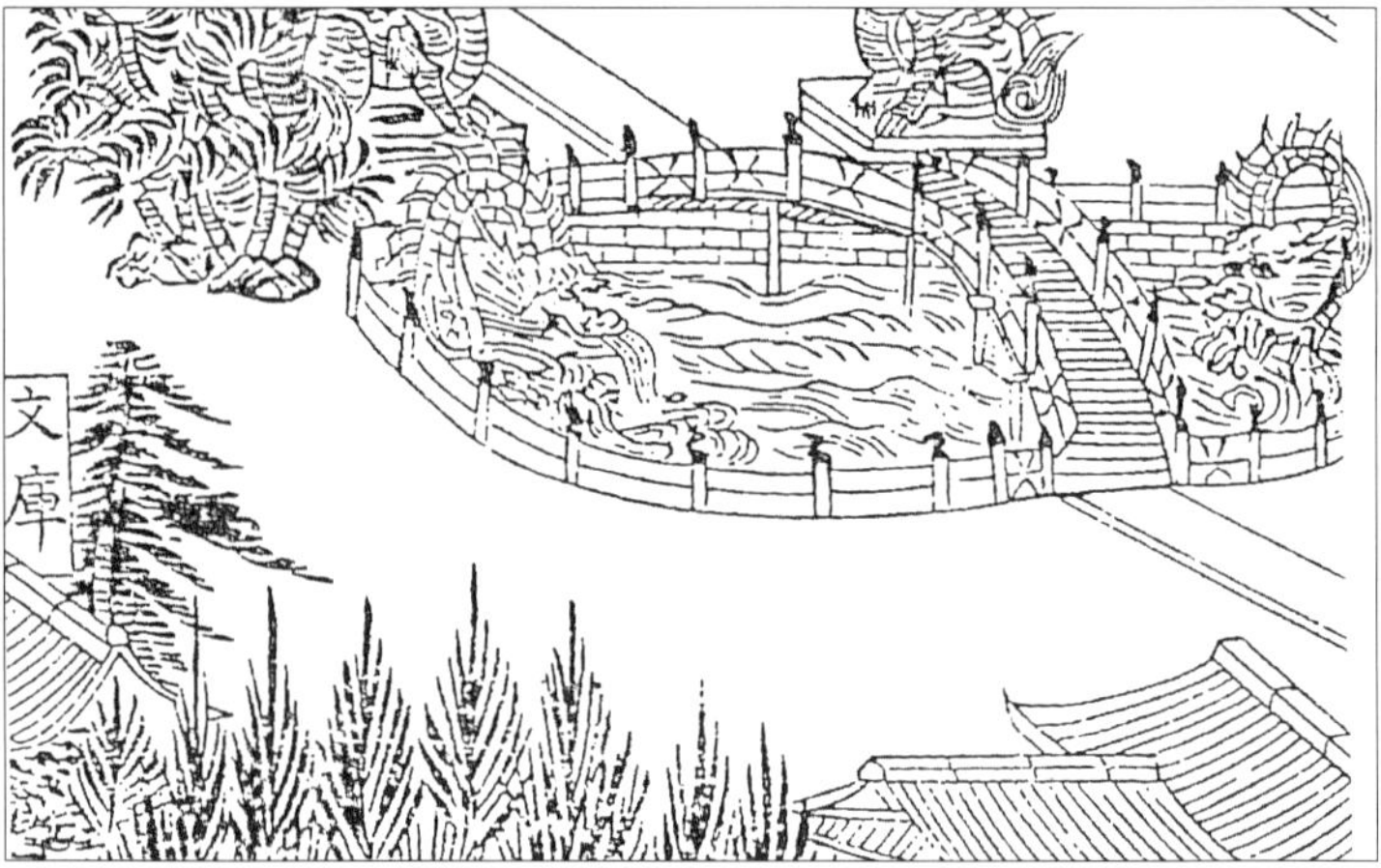

［図5-2］造士館冷水池の阿吽の龍清水（一方は水を吐き一方は水を呑むとある）

麟が建っている。

現在この双龍は鹿児島市立ふるさと考古館に運ばれ展示されている。左右の龍の一方の高さは六二センチ、頭部幅は一五センチ、もう一方の高さは五六センチで頭部幅は一五センチである。ただ両方とも龍の頭の部分が壊されているが、水を通す穴が開いており、反田土石製である。

⒀草牟田町の個人所有の龍

この龍（左右三〇センチ）の下に龍をみるように唐獅子がある。かわいい龍で、角の長さ一三・四センチの小さな龍である。現在その地には小さなビルが建ち、所有者はどこかへ引っ越していった。その少し前に小さい龍があることに気付き、土を除いてみると唐獅子が現れた。家主はそこまで知らなかったという。反田土石製である。

⒁ 伊敷地区の個人所有のサト石製の龍

伊敷地区の宇都町内会のほぼ真ん中にある。その周りはツツジの生け垣に囲まれており、計測不能であるが、玉だけ側に置かれている。

なお、サト石は北薩摩地方の特産の凝灰岩で、製品として削り出すときは黒砂糖の固まりのように細工しやすく、一旦固まってしまうと金属質の音がするほど硬くなる石である。この種の凝灰岩をサト石という。

⒂ 東千石町の個人所有の龍灯籠

昭和十九年（一九四四）の鹿児島空襲の際、焼夷弾によって頭部が取れてしまったが、その他

［写真5-8］産地不明の凝灰岩製の龍灯籠（灯籠の正面と左右が格子状のドア）

は現地にしっかりと建っている。もっともすぐれた細工の龍灯籠で、灯籠部分は格子様になっており、おそらく大正時代かそれ以前の作と思われる。現高約二一五センチだが完形なら二八〇センチくらいであろう。頭部は所有家に保存されている。上の方で玉を握り、下の灯籠部分の精巧な作りには圧倒される（写真5―8）。

⒃ 松原神社の手水舎の龍清水

前からみると後ろが大きく広がっている。横からみるとしっかりと雲の群れも彫刻されている。宮司さんの話によると、旧南林寺の手水舎の龍清水とのことであった。その跡の一角に建った松原神社に継承されたのは嬉しい限りである（写真5―9）。

［図5-9］松原神社の龍清水

⒄ 荒田神社の龍灯籠

鹿児島神宮の南の守り神だった荒田神社の境内にある。高さ二六五センチである。龍がもっとも好む玉を握っているが、どの前肢で玉を握るのかは明確ではない。ただ、反田土石製品としてはかなり高いのが何よりの特徴でもある（写真5―10）。反田土石は影の部分がほんの少しずつ溶けていく特徴があって灯籠部にはその兆候がある。

［写真5-10］荒田神社の龍灯籠

［写真5-11］中山の駐車場の龍灯籠（上半身が行方不明）

⒅ 谷山の龍灯籠

谷山の中山地区のど真ん中の旧水田（現在はコンビニ駐車場）の片隅に田の神とともに置かれている。その作り方が今までの龍灯籠とはまったく異なる作り方

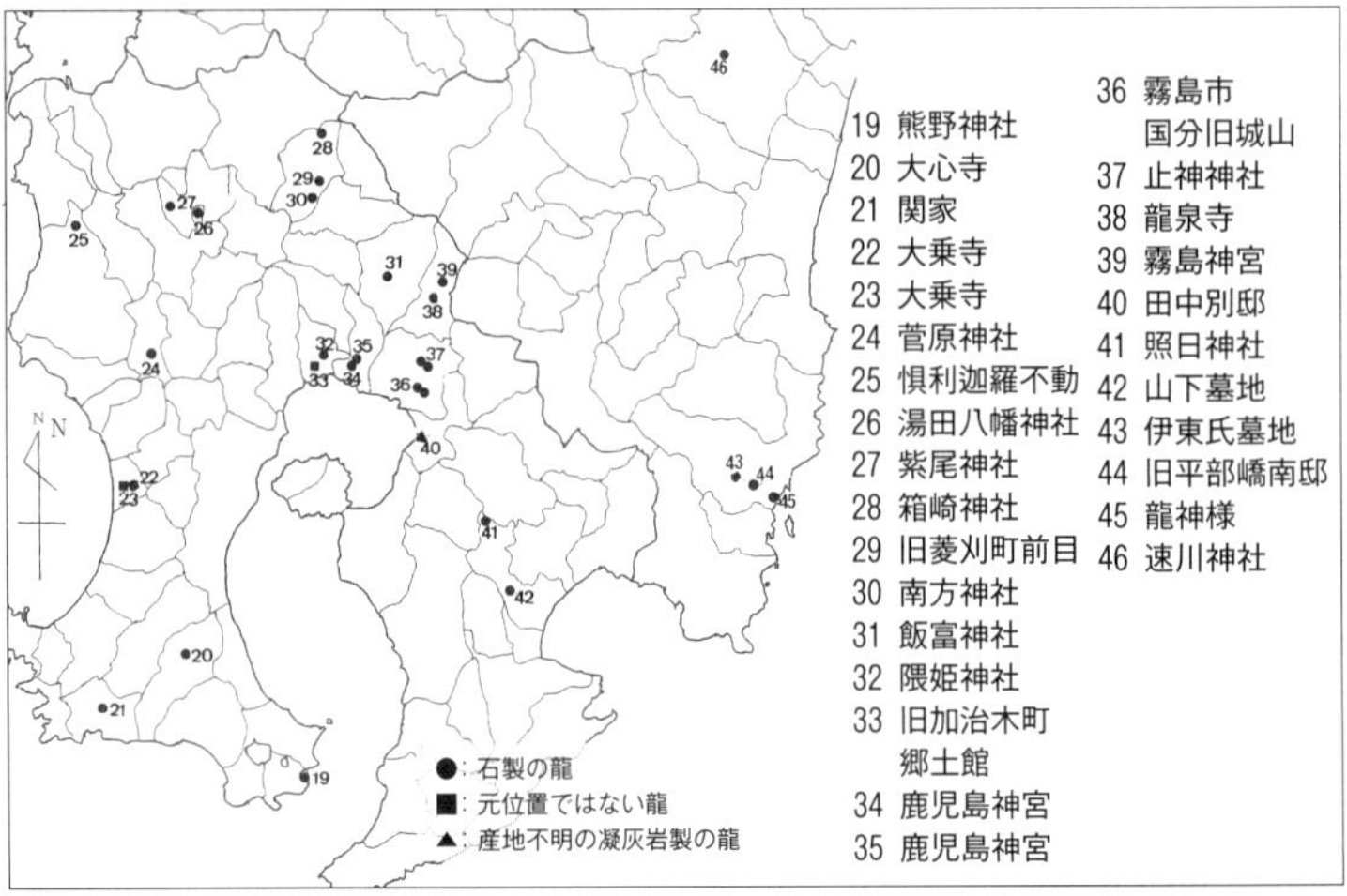

［図5-3］鹿児島市内以外の南九州（宮崎県を含む）の石製龍の分布図

で細い。下半分だけが残ったもので、そこには二頭の龍の下半身が刻み込まれており、灯籠の上蓋と龍の上半身が失われている。下半身の高さは一三七センチになる（写真5—11）。

※　　※

なお、高木善助が文政十一年（一八二八）に薩摩を旅し、その記録の中に龍清水に関する記事があるのを発見したのでここに紹介する。

「……大乗院といへる勅願所の寺あり、真言宗にて、山門に石の金剛神……門前に阿伽灌庁水有て、此辺の名水なれば、上町の家々日日に汲むなり……北門前に石の龍半身を彫刻し、亂石の中より頭を擡げて水を吐く、奇艦の手水鉢なり」

二、鹿児島県内の石製龍

鹿児島市内の反田土石は、同市内だけでなく旧薩摩藩内に運ばれている。遠くは奄美大島や備前の古い湊にも運ばれている。まず近くに運ばれた反田土石製の龍関連の製品について述べることにしよう。前ページの分布図を参照願いたい（図5—3　宮崎県内も含む）。

［写真5-12］熊野神社の龍灯籠

⑲ 山川の熊野神社の境内にある龍灯籠

反田土石製で灯籠部分は溶けて壊れ、その上に龍の下半身だけが巻きついて残り、龍の上半身は失われている。龍が刻まれた下の屋根部分の幅が五五センチである（写真5—12）。

山川は古代から中世にかけて天然の湊として機能し、はじめは頴娃《えい》氏の支配下にあり、のち勢力を張ってきた大隅半島の禰寝《ねじめ》氏の支配地域となった。江戸時代に入り琉球征服をする薩摩兵を励ましたのもこの熊野神社境内であった。今の山川は鰹節の生産地として有名である。

⑳ 旧知覧町の大心寺の手水の溶岩製龍頭部

常時清水を出しており、近くに池らしい構造物もある。高さは四五センチである。この地はもとは知覧麓のある武士の別宅であった。

⑵1 枕崎市金山地区の関家の龍灯籠

金山開発にあたり指導的役割を果たしたのが関家で、庭の池に水を供給する龍頭部がある。もとは山水を引いたらしい。いまは龍頭部だけ開口している。龍頭と表現すると仏教の世界のことになるので、ここでは龍頭部と表現する。長さ五五センチ、幅二六センチである。

⑵2 旧日吉町古里の大乗寺の手水鉢龍

日置地区を領した初代島津歳久(一五三七―七二)の墓前に真っ直ぐ建って鉢をもつ龍がある。入口の説明板には、

[写真5―13] 旧日吉町・大乗寺墓地の鉢を持つ龍(上は拡大図)

「十五代島津貴久の婦人雪窓により開山。その後一時閉山……文禄四年（一五九六）……島津常久が初代歳久のため……日置島津氏の菩提寺……歳久の墓前に石で刻んだ龍の手水鉢があるが、藤原久辰（赤山家祖）が元文二年（一七三七）の寄進である。のみ一本で作り上げた繊細な作りとそのすばらしい出来ばえは驚嘆の外はない」

このように記されている。真っ直ぐに建って鉢を抱えている龍は珍しい。龍の高さは一七〇センチ、鉢の径は四五センチである。その鉢に文字が刻まれているが、上記の年号と合致するのであろう（写真5―13）。なお、龍の背中は少しずつ溶けつつある。

㉓同じく大乗寺入り口の手水鉢龍

[写真5-14] 鹿児島から移された手水鉢龍（古い時期の反田土石）

上に鉢を乗せ下に胴の部分に龍を置くというもので、胴部の高さは一七〇センチ、胴の幅は六〇センチである。その上の鉢の径は少々高いので不明であるが、大きい手水鉢である（写真5―14）。

この手水鉢龍はもとは鹿

児島市唐湊地区の大屋敷にあって、マンションを建てるというので屋敷内のこの手水鉢龍などをここに運んできたものという。

⒇ 旧樋脇町の菅原神社の溶岩に刻まれた龍

市比野温泉の入り口に大衆浴場があるが、その一角の市比野川近くに菅原神社があり、その入り口近くの大きな溶岩に龍を刻んでいる。

頭部だけが岩から独立し胴の部分は岩に張りついたままの龍で、残念ながら三爪を黄色に塗っているが真っ直ぐ揃っている。これでは玉は握れない。

［写真5-15］石製の倶利迦羅龍王
（不動）（南九州唯一の例）

㉕薩摩川内市中村町の石製の倶利迦羅龍王（または倶利迦羅不動）

不動明王の剣に龍が絡みついたもので、仏教の世界の話になるが、仏を守護、すなわち釈迦を守護する八部衆の一つが倶利迦羅龍王である。南九州で唯一のもので、石質は反田土石。高さは一二四センチである（写真5―15）。阿形の龍が石製の剣に絡みつき右前肢で玉を持つ。個人所有で、ここの掃除は男性に限られるという。

㉖旧宮之城町の湯田八幡神社の剣龍

ある意味、倶利迦羅龍王（不動）の変形であると考えた方がよさそうである。剣を挟んで大きく龍が回る形式で、頭部だけが左にはみだし、上顎だけが壊されている。裏に回って観察すると龍の三爪で剣を支えている。高さ二八一センチ、幅は八六センチである（写真5―16）。文字が刻まれている。

［写真5-16］旧宮之城町湯田八幡神社の龍清水（倶利迦伽羅龍王の変形か）

［写真5-17］旧鶴田町紫尾神社の手水舎の龍清水

㉗ 旧鶴田町北部近くの紫尾神社の手水舎の龍清水

先に述べたサト石製で、実に良くしかも大きくできた龍清水である。残念ながら眼も含めて口部分が壊されている。一石作りで常時清水を出している。高さは一四三センチ、龍の左右の幅は一九八センチである（写真5―17）。

㉘ 旧菱刈町北部にある箱崎神社の龍形灯籠

旧箱崎八幡宮、現在は箱崎神社と呼ばれている。奥殿は国の指定文化財である。その前庭に青面金剛像があり、その反対側にこの龍形灯籠がある。灯籠は下顎のすぐ下にあって、龍は昇龍形式であるが前肢も後肢もないのが特徴である。高さは一二八センチである。

㉙ 旧菱刈町の前目の入り口にある龍

田の神像とともに常に赤く塗られているのが特徴でもある。高さは計測していない。

⑶ 旧菱刈町本城の南方神社の境内に建つ龍灯籠

三段目の土台とともに高さは一七七センチである。初めて三段目の土台とも高さを計ったが、それには訳があって、正面は唐獅子・右側面は天女・左側面は唐獅子・後面は麒麟の彫刻がなされ、意識的にこのようにしたものと解釈した。そういう意味では特殊な組み合わせであろう（写真5―18）。なお、正面の平らになった部分に文字が刻まれている。

［写真5-18］旧菱刈町南方神社の龍灯籠

⑶ 旧牧園町の鹿屋集落飯富神社の龍清水

両眼（朱）を除いて壊されており、その部分の修復があまり良くない。犬にそっくりの顔になってしまったからである。高さは五二センチ、東部の幅は二三センチである。

⑶² 旧加治木町の隈姫神社の灯籠龍

神社の建つ敷地に向けて階段を昇ると、階段の右側にある。灯籠が上にあって下に龍が巻きついている。

隈姫とは島津義弘の最初の妻で相良氏の娘であった。やがて相良氏が島津氏に反乱を起こし、離縁となった。その隈姫は少し山間分にある辺川のあたりで狂い死にし、その霊を鎮めるために神社と寺院を建てた。廃仏毀釈によって廃寺となり、隈姫神社と改名された。

[写真5-19] 旧加治木町郷土館前の龍清水

⑶³ 旧加治木町郷土館所蔵の手水鉢の龍

下部に龍の下半身があって、龍の頭部が失われている。本来は鉢に龍頭部があって、そこから清水を流す形式の龍手水となるのであろう。廃仏毀釈によって破壊され、その際に龍の頭部も失われたものと推定できる（写真5－19）。完全な形ならば相当の迫力のある龍手水であろう。元の位置は不明である。

⑶④ 旧隼人町の鹿児島神宮の手水舎の龍頭部

当然のごとく龍にともなう瑞雲もなく、残念ながら頭部だけで、口から清水を出す。眼には白玉が埋め込まれている。龍清水としては一部に麟のある胴があり、角もある。龍の左右は九五センチ、頭部の幅は一五センチである（写真5―20）。

［写真5-20］鹿児島神宮の手水舎の龍頭部

［写真5-21］鹿児島神宮付属の稲荷神社の龍清水

⑶⑤ 鹿児島神宮境内にある稲荷神社の龍清水

上半身しかないが、前肢で斜めになった鉢を抱え、常に清水が流れている。その前に長方形の溜水がある。龍の上顎だけが壊されている。しかし、龍製品としては素晴らしい彫刻である。左右の長さが八七センチである（写真5－21）。

㊱霧島市国分の旧城山入り口近くの龍塔

明治十年（一八七七）の西南戦争に国分の麓集落から出陣した犠牲者を祀る「丁碑の碑」の前にある。龍が二カ所にあって、一方は簡素に作り、他方は亀扶に似た体裁で作られた龍塔である。土台に戦死者の名前を刻み、そのすぐ上に亀を置き、その上に昇龍で、一番上に擬宝珠の玉がある。すなわち、その擬宝珠を目指して昇龍し、龍の髭が擬宝珠に届いている。その擬宝珠には珍しく穴があいている（写真5－22）。亀を含めての高さは二四〇センチである。

［写真5-22］国分の西南戦争の碑の前の龍

(37)旧国分市重久の止神神社にある龍の上半身

口から清水を出すようになっている。一つは少し壊れ、もう一つ作りかえている。かなり硬い赤石でできている。この石材がどこの産なのか私には分からない。

(38)旧霧島町田口の龍泉寺の手水舎にある龍清水

近くには石製で大きな四角形の水溜がある。硬い石でつくられている。「明治四十一年」と書かれている。これらの手水舎は田口地区の青年たちによって作られたものであるが、龍の一部は壊されている。

［写真5-23］霧島神宮手水舎の龍清水（3爪で白玉を握る）

(39)重要文化財に指定されている霧島神宮の手水舎の龍清水

茶色の凝灰岩である。常時清水が出ているために顎から下は苔に覆われている。高さは一二三センチである。なお、苔を除いてみるとそこに右前肢で握る白い玉があり、三爪でしっかりと摑んでいた。残念ながら上顎・下顎とも破壊されているが、それでも清水は常時出ている。龍清水のなかで唯一白玉を握る（写真5－23）。一説に肥後の石工岩永三五郎（一七九二－一八五一）の寄進によるものという。

(40) 霧島市福山町の田中別邸の龍灯籠

田中省三（一八五八－一九二五）は安政五年福山に生まれ、一八歳で志願して西南戦争に従事。二五歳で師範学校を卒業、はじめ小学校の首席訓導をしたが、明治二十七年（一八九四）に実業界に入り海運業を中心に大成功をおさめ、大正四年（一九一五）に衆議院議員に当選した。同七年には私立福島中学校を設立。中学校の下に別邸を置き、翌八年に上棟となり、完成は同十一年であった。大邸宅で広い庭には池を設け種々の石塔がある。

［写真5-24］旧福山町田中省三別邸入り口の龍灯籠
（産地不明の凝灰岩製。正面だけが格子と月形）

正面玄関のすぐ右に龍灯籠があり、石の産地は不明である。その高さは二一八センチ（写真5－24）。なお、現在はこの別邸は霧島市の有形文化財に指定されている。

⑷⑴ 大崎町の照日神社の龍清水

同町北部に小高い独立丘陵がありそこに照日神社がある。この近辺には元禄元年（一六八八）から同七年にかけて河内泉あたりから四回にわたり計一二八名が移民し、同神社の南東側の開拓を始めたという。神社には実にかわいい龍清水がある。水を通す穴はあいているが現在は使われていない。

⑷⑵ 大崎町山下墓地の龍灯籠

同じく大崎町の地理上の中心に山下墓地がある。現在はお墓の子孫はほとんどいなくなり、時々掃除にくる方がいる。その一角に修験僧の墓があり、そこに付属する形で建っている。修験僧の死亡時期は寛延元年（一七四八）とのことで、その時期とあまり変わらずに龍灯籠が建ったものと思われる。小さな石柱に薄く龍が表現され、頭の下に小さな灯籠部分が設置されている。高さは一四〇センチである。

三、宮崎県内の石製龍

㈿日南市の伊東氏墓地の墓石に刻まれた龍

旧薩摩藩に接し宮崎県の太平洋側に面して伊東氏が支配した飫肥藩《おび》（五万一〇八〇石）がある。以前は島津氏と支配地をめぐって戦いもあったが、江戸時代になると飫肥城を本拠とし安定した。

その伊東氏の墓地に歴代の記念碑的な墓石がある。そこに鳳凰、天女、龍を刻んでおり、すべて薄彫りである。傘の下に薄彫りの龍を有する墓石は二代目の伊東祐慶《すけのり》（在位一六〇〇―三六）のものである（写真5―25）。なお、これらの墓石は身分の高い人の供養塔とも考えられている。

［写真5-25］２代伊東祐慶公の供養塔の龍頭部

㈵日南市の旧平部嶠南邸の石甕《かめ》の龍

現在は日南市飫肥四丁目であるが、かつては幕末の家老（大参事）であった平部嶠南の屋敷内に所在する。その玄関の側に石製の甕があって、縁に龍の彫刻がな

［写真5-26］日南市旧家老邸の珍しい龍
［写真5-27］日南市西町の龍（左）

（写真提供：上下とも日南市生涯学習課）

されている。一部に胴の彫刻も見えるが玉もなく、前・後肢ともにないという。珍しい部類に入るが、前・後肢ともないのはいかにも残念である（写真5－26）。

㊺日南市西町の「龍神様」

鵜戸神宮からもたらされたと伝えられ、地域の人々に大切にされている。この龍神様は風雨・水を司る神として古来より祀られていたという。記録によると、

「この地に百十数年前に鵜戸神宮からの龍神様が祀られている。明治四年頃、明治新政府により廃仏毀釈という仏教を弾圧する事件がおき、特に南九州では寺

の焼き討ちや仏像・経典を壊したり、焼き払ったりする事件がおきました。古老からの言い伝えでは鵜戸さんには十一のお寺があり、七日七晩燃え続けたそうです。すべて焼き討ちにあったため鵜戸にはお寺は何も残っておりません。

［写真5-28］西都市速川神社の龍清水（写真提供：速川神社）

……龍神様は粗末にされていたそうです。当時石工の棟梁をされていた荒川さんという方が、〈このまま置いたら何かたたりがあるから〉と油津にこの龍神様を持ってこられ西町にお堂を建て、丁寧にお祀りをしたそうです。………」

その後一時土砂崩れもあったりしたが、今日に至っている。龍そのものは三爪で、角まである立派な龍神である（写真5－27）。

⑷⑹ 西都市の速川神社の龍

山間部に入ろうとする地点から一ツ瀬川を渡って対岸の滝の側に速川神社がある。橋を渡ってから坂道を相当の距離を歩いたあたりに神社が開け、その途中には湧水まであって坂道を登る信者に提供しているように受け取れる。

この速川神社に龍が残されている。宮崎市北部まで加久藤噴火の凝灰岩があり、そこを過ぎると砂岩地帯となる。この龍は砂岩でできている。以前は雌雄の龍がいたとのことで角が長い方が雄であったという。土砂崩れによって流され行方不明となった。今は雌だけ残されている（写真5―28）。

四、遠くへ運ばれた龍について

(47) 奄美に運ばれた龍

第一は奄美に運ばれた石製龍で、町健次郎氏の提供である。すでに瀬戸内町立郷土館に収蔵されているものが二点あるという。いずれも加計呂麻島の旧家の庭池に置かれたものであるという（図5―4…町　一九九八）。

①瀬戸内町瀬武集落の武家の庭池にあったものである。高さは一二四センチで昇龍式の龍灯籠で三段嵌込み式である（写真5―29）。

なお、武家は寛政五年（一七九三）に朝恵喜が西間切見廻役となり、さらに西間切筆子・間切横目など務めることにより、文政九年（一八二六）に郷士格になったという。

②瀬戸内町伊子茂集落の西家に伝わる龍で、高さは一一八センチで、腹部が赤く彩色され、三分割できるという（写真5―30）。西家の初代能悦についての記録はないらしいが、もと加世

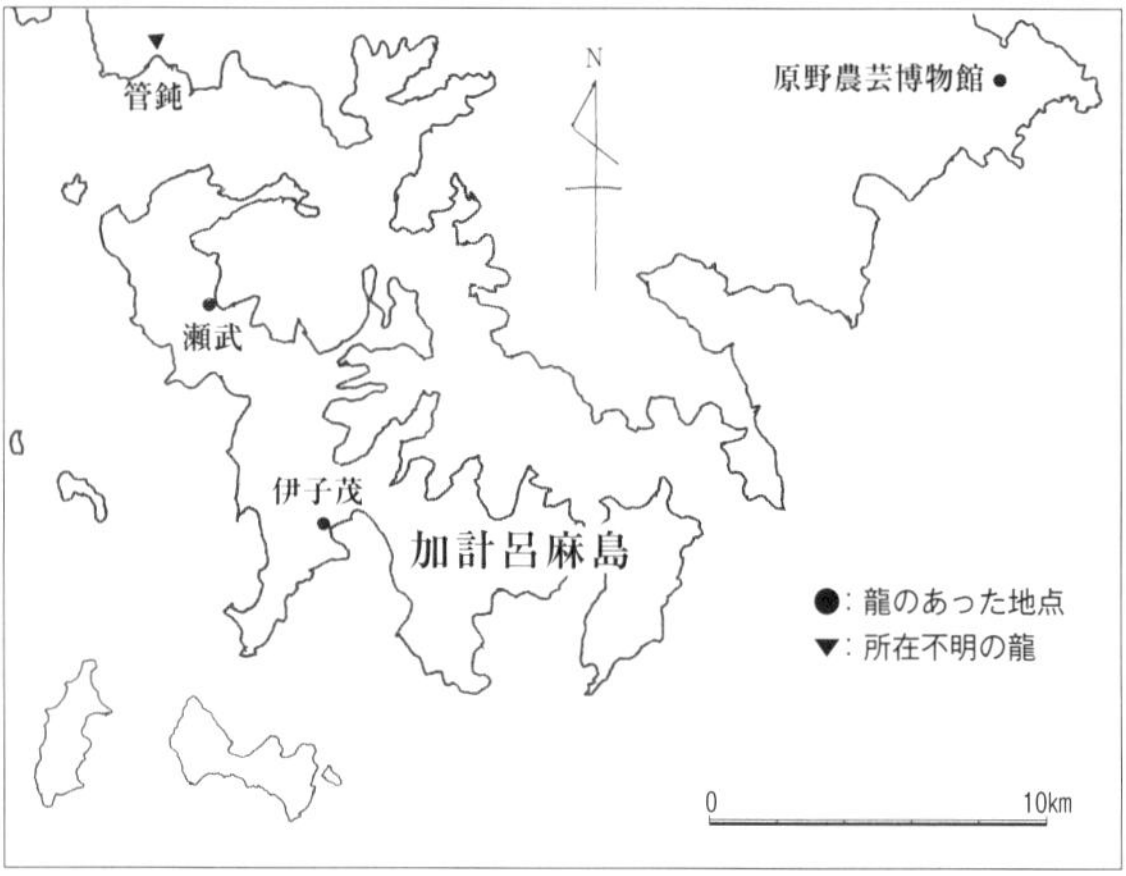

［図5-4］
奄美大島南部の地図と石製龍の分布図

［写真5-30］瀬戸内町伊子茂の西家の龍清水

［写真5-29］瀬戸内町瀬武の武家の龍清水

田のお城勤めの方で、島流しになった。のち伊子茂に移り、代々与人役を務めた旧家である。書院造りの家には財力を示す美術品などが多かったという。そのなかに石製龍も含まれていた。この両方とも反田土石で作られており、明らかに鹿児島の湊から積み出したものである。

③住用村の山間の原野農芸博物館の前庭に展示されているが、もとの所有者は不明である。前肢で直径二〇センチの玉を握っており、高さは一六七センチである（写真5—31）。残念ながらこの例には水を通す穴がないという。そうすると最初から飾りとして製作したものであろう。石質は黒く、産地は不明である。

④さらに、瀬戸内町管鈍の代官屋敷の山手に口から水が流れる龍が置かれていたとのことであるが、名瀬市のユタ神F氏が神のお告げといって運び出したという。今は行方不明である。

［写真5-31］住用村山間の原野農芸博物館の石製龍（大きな玉の半分はコンクリートによる復元）

（以上、写真とも町健次郎氏の論文に依拠）

⑷⑻ 備前（岡山県）尻海に運ばれた龍

遠くへ運ばれた第二例は、備前の尻海の若宮神社に運ばれている大型琴柱型龍灯籠と、近くの神社の灯籠、墓地に建っている龍製品である。合計三点が薩摩から運ばれていたことになる（図5—5）。

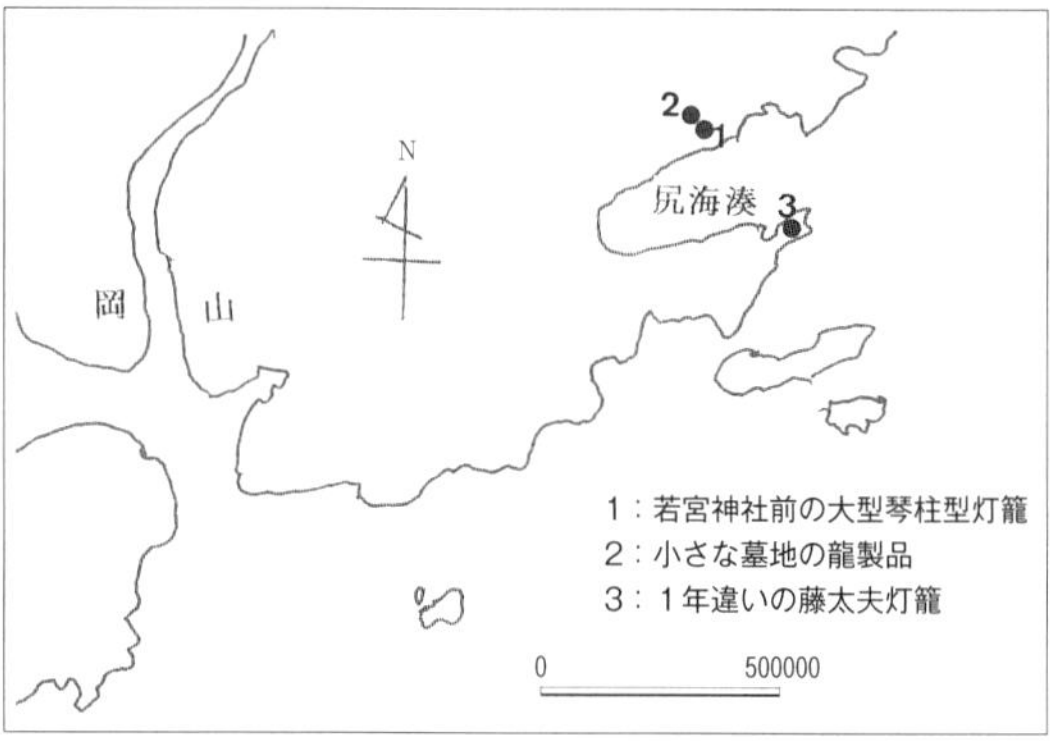

［図5-5］尻海の湊と反田土石製品の分布図

この尻海は室町時代から海運の中心の湊であった。戦国時代に小早川領となる。近世に岡山藩の支配下に入り、元禄時代（一六八八—一七〇三）には海運業者が五〇軒もあって、安永七年（一七七八）には五〇〇石以上の船が一六艘あった。この一六艘という数は備前全体の一六％を占めていたという。これらの船で松前から下関を経て、一方では九州から沖縄へ、他方では瀬戸内から大坂・江戸へと船荷を運んでいたことになる。また、九州の山林を買い占めて積み出し、備前の納戸ともいわれていた。

天保年間（一八三〇—四三）に尻海の船がインドネシアまで漂流……帰国まで二年……生存者は一九名のうち七名だ

ったという記録もあるという。さらに山陰浜田の外の浦の海運問屋清水屋に伝えられる客船数によれば、延亨年間（一七四四—四七）年から文政元年（一八一八）に尻海の船が四一艘入港していたという。これは岡山藩では最多であったというから、尻海は相当に海運の発達した湊であった。

当時の記録『航海の由来』によれば、

「……船を造って海事に心付がとうじの根本なり、始は九州へ通ひ、北国は江戸・松前まで追々手広くなるなり。日向国は山多く大木ある国なれば、立木を見積もり是より是までと境を極め買入、杣を入れ、伐採木として手船に積込、大坂へ上がり又は肥後・薩摩国の山を買入て、右の如くするが当初の業なれば、大船多数となり、水主・船頭・又は山かせぎの者多し。……」

という記録まで残っているといい、尻海の繁栄の様子を知ることができる。幕末に衰退とある。この尻海の若宮神社に大型琴柱型灯籠が二基あって（写真5—32）、隼人文化研究会で最初に発表したのが、考古学者の池畑耕一氏であった。当時は県埋文センターにお勤めで息子さんが父と同じ岡山の大学に入学していたので、共同で論文を執筆している（池畑二〇〇八）。池畑氏の発表の折、左右のどちらが阿形なのか吽形なのか明確でなく、すぐに岡山に出発することになった。

邑久町は瀬戸内市となっており、教育委員会の文化財担当の方に連絡し、案内していただい

［写真5-32］尻海若宮神社の大型琴柱型龍灯籠２基（右：阿形、左：吽形）

た。現物をみて鹿児島市の反田土石製であることが判明した。当時、町史編纂にあたり薩摩の石か沖縄の石か迷っていたとのことである。

　阿吽が左右のどちらかにあるかを確認し、高さを計ると三六〇センチであった。当然のように右が阿形、左が吽形であった。しかも灯籠（火袋）は影になる部分で溶けるのが早く、火袋を支える四本の小さな柱はコンクリート製となっていたが、立派な二基の大型琴柱型龍灯籠であった。

［写真5-33］小さな墓地の中の龍
（反田土石製の阿吽の龍）

なお、吽形の琴柱型を支える左柱は少し溶けており、そこに「薩摩屋藤太夫」とあり、立派に残る左柱には「安永七年戊戌八月十六日」とあった（写真5―32）。

さらに、この尻海には若宮神社だけでなく商売の神である神田神社まで勧請していた。さらに対岸に大島神社があり、そこの灯籠には一年違いで「藤太夫」とだけ記されていた。

その上、小学校の側の道を上ってみると、古い共同墓地があり、そこにも阿吽の龍を刻んだ反田土石製の墓石があって、もっとも古いのが文化年間であり、反田土石製は幕末から明治にかけて運ばれたものだろう（写真5―33）。計測値は高さ六一センチ、幅三五センチであるが、龍には雲もともない髭や角もあって小さいながら立派な阿吽の龍である。

小さなまとめ

㈠

鹿児島市内の年号や文字の刻まれた石製龍についてまとめると、次ページの表のようになる。

［鹿児島市内の年号や文字の刻まれた石製龍］

(2) 菖浦谷神社の年号と文字
右面　天明八年庚申十月吉月
左面　請願　□田市之
□向者□
武田□藤

(3) 多賀山公園の年号と文字
明治六年
献燈（癸酉）四月吉日　宇野直左衛門
福留喜兵衛

(4) 稲荷神社の文字と年号
三町以施入□五位
姓名記千□□□
文化十年□十月

(7) 重豪公の墓域の運ばれた石製龍
奉寄進□□尊堂前
貞享初年歳次甲子黄梅穀旦
（一六八四・五月吉日の意味）
今津大学忠守（島津家久の孫）

(10) 長田神社の文字と年号
前田太郎右衛門
福永金右衛門
石川鉄之助
石工　仁禮田伊右衛門
下築町相中
天明七年（丁未）～六月吉日
(26) 旧宮之城町湯田八幡の年号と文字
文政五年壬午五月
大磯浪也
徳□
奉寄進　中花門
三左衛門

(30) 旧菱刈町本城の南方神社の文字と年号
建立
奉寄進御宝前
明和元年三月吉祥寺麓仁才中

［海老原源左衛門制作の龍灯籠の年代］

1、貞亨元年（一六八四）福昌寺重豪公に運ばれ、もとは同寺の池の側の鉢をもつ龍
2、延亨二年（一七四五）大崎町山下墓地の修験僧の龍灯籠
3、寛延元年（一七四八）菱刈町本城南方神社の龍灯籠
4、寛延三年（一七五〇）菱刈町前目の色塗りの龍灯籠
5、宝暦二年（一七五二）菱刈町伊勢神社の龍塔
6、同　年（　同　）菱刈町の黒板寺の龍灯籠
7、明和元年（一七六四）菱刈町前目の南方神社龍灯籠
8、安永七年（一七七八）備前尻海の若宮神社の大型琴柱型龍灯籠
9、天明七年（一七八七）長田神社の大鉢に巻きつく阿吽の龍
10、文政七年（一八二四）宮之城湯田八幡神社の剣龍

もっとも古いのが重豪公の墓地に運ばれた鉢を抱えている龍で、一六八四年のもの。次が大崎町の修験墓地の龍灯籠で一七四五年である。

次に年代が判明している龍灯籠などを年代順に並べることにする。ただ、菱刈町の場合は、江戸時代に優れた石工がいて、その名を海老原源左衛門（一七世紀）といい、菱刈・大口市・栗野・吉松・高尾野に、供養塔・仁王・狛犬・灯籠・観世音・青面金剛・荒神面・猿田彦・墓

碑・龍灯籠など多くの石造品を残している（松野　一九八七）。

この海老原源左衛門の石造品のなかから龍灯籠を抜き出し、さらに上記の龍灯籠の年代とを併せると、前ページのようになる。

このように菱刈町の龍灯籠の年代が判明しているのは海老原氏の業績である。

㈡

薩摩川内市中村の倶利迦羅龍王についての仏教の世界での位置づけをしてみたい。すでに記したように仏教を守護する八部衆である。

釈迦の住む須弥山を、転じて本尊を守護する四神（東・持国天、南・増長天、西・広目天、北・多聞天）がおり、その下に八部衆がいて須弥山を守護する。

楽器を演奏する緊那羅《きんなら》二体・インドでは龍を食べるという迦楼羅《かるら》・須弥山の海底にすむという阿修羅・胎児を守護する乾闥婆《けんだつば》・インドでは万物を象徴する夜叉（日本では人を食うという）・水中に住み神通力を持つ龍王・それに不動明王の化身とされる倶利迦羅龍王となる。龍王は時に剣を呑むこともある。

なお、阿修羅のなかで特に有名なのが光明皇后（七〇一―六〇）の母橘夫人の一周忌に際して造営、天平六年（七三四）に完成した興福寺金堂に、八部衆の一体として安置されている阿修羅である。

若干のまとめ

もっとも重要な視点は、龍頭部と菖蒲谷神社の二爪を除いてその他はすべて三爪であるという大原則が貫き通されていることである。

この大原則は南九州の主要神社の龍柱にも見られ、また、龍柱以外の極彩色の龍にも、木目そのものの龍にも採用されている。しかも第二部の「全国主要寺社の『龍』について」のすべての龍にも適応され、龍を研究する上での大原則であるという確信である。

さらに小さなまとめ㈠によると、石製龍灯籠の最盛期は一八世紀ということになる。

※　　　※

なお、本論をまとめるにあたり、次の方々のお世話になった。明記して御礼を申し上げる。七番目の重豪公の墓地に運ばれた鉢を抱える龍の（　）内の内容を御教示くださったのは故人の平田信芳氏であった。また、荒田神社に龍灯籠があることを教示した東和幸氏、大崎町の調査では内村憲和氏、日南市の調査では岡本武憲氏、鹿児島市の⒄の石製龍灯籠についてはふるさと考古歴史館の藤井大佑氏、鹿児島市中山の龍灯籠については県埋文センターの眞邉彩氏、さらに尻海の調査で同行していただいた瀬戸内市教育委員会の文化復興課の方である。厚く御礼申し上げる。深謝。

参考文献

池畑耕一・池畑雅央　二〇〇八「鹿児島から岡山へ・岡山の神社に寄進された薩摩灯籠」『岡山理科大学埋蔵文化財調集』岡山理科大学埋蔵文化財研究会

町健次郎　一九九八「龍頭に関する予備的考察」『瀬戸内町立図書館・郷土館紀要』瀬戸内町図書館・郷土館

松野正治　一九八〇『ふるさと再発見シリーズ　石工・海老原源左衛門』菱刈町教育委員会

第2部　全国主要寺社の「龍」

六、全国主要寺院の龍について

はじめに

南九州の各地の龍の取材がほとんど終了するなかで、次には全国を視野に考察を広めたいと考えた。最初に考えたのが主要神社の龍の資料を取り寄せ、文章化することであった。ところが寺院の場合は京都・奈良に集中するということもあり、その上、主要な龍の資料は京都国立博物館に厳重に保管しているということ、そして、デジタル撮影後の正確な資料がそれぞれの寺院に返されているとのことであった。

そこで各寺院に資料の提供をお願いしたのだが、結果としては主に天井絵が集まることとなってしまった。しかし、その過程では、予想もしない協力を要求する寺院もあれば、時に年金生活者という理由を汲んでくださり無料で写真を提供いただいた寺院もあったりで、感激することしばしばであった。なお、第2部の参考文献等は二〇九ページ以降にまとめている。

本稿では東北の寺院から説明をはじめるが、奈良・京都の寺院の多さには驚きつつ、奈良から京都への順で紹介していきたい。その後で、西の寺院へと進めていく予定である。

(1) 瑞巌寺（宮城県松島町松島）

正式名称を松島青龍山瑞巌寺という。臨済宗妙心寺派で本尊は聖観音像、開祖は伊達政宗（一五六七―一六三六）である。承安二年（一一七二）平泉の藤原基衡《もとひら》（一〇九〇?―一一五八?）が延暦寺弥勒堂の阿闍梨永快を招き、戒壇を造営し法華経十万部奉納の供養を行い、また、正治元年（一一九九）源頼朝の葬儀に際し僧正順を参列させているという。

前身は円福寺で、瑞巌寺となったのは伊達政宗の時で、「慶長十四年（一六〇九）三月、松島方丈棟上也」とあり、用材は紀州熊野より伐り出し、慶長十年六月建立した。名工を山城・紀州から呼び、丸四年の歳月を要した。

落慶の前年、伊達家お抱えの鋳物師早山弥兵衛によって大鐘が作られた。襖絵はお抱え絵師佐久間修理らによって進められ、障壁画一六一面は国指定重要文化財に指定されている。寺には寛永十三年（一六三六）政宗の遺言により雲居希膺《うんごきよう》が迎えられ中興開山となった。寺領は政宗により二〇貫文を与えられ、伊達忠宗により八貫五〇〇文が追加された（大塚・竹内 一九七八）。

提供された龍の資料は二点で、（写真6―1）は「松島方丈記扁額」で、扁額のまわりに阿吽の龍と雲を置いたものである。その空間には文章が記されている。ここではその解読まではしないが、その年代は慶長十五年（一六一〇）のものである。

（写真6―2・3）は伊達政宗の一七回忌に際して、正室陽徳院田村氏愛娘の発願で制作された、

[写真6-1]「松島方丈記扁額」　周りに龍が描かれている

[写真6-2・3]
伊達政宗の17回忌に作られた「木造伊達政宗甲倚像」の、袴膝部分に描かれた開眼模様のなかの龍

（写真提供：上下とも瑞巌寺）

等身大の「木造伊達政宗甲倚像」で、その像の袴膝部分に描かれた開眼模様のなかの龍である。ともに三爪である。

(2) 青岸渡寺《せいがんとじ》（和歌山県那智勝浦町那智山）

那智大滝の西にあって天台宗。本尊は如意輪観音である。古くは那智権現の別当寺であった。西国三十三番所の第一番所である。寺伝では仁徳天皇のとき熊野権現をこの地に勧請し、裸行《らぎょう》上人の開祖と伝える。長世僧正のころの久安六年（一一五〇）の記事に「那智ノ山、如意輪堂如意輪也」とあり、一遍聖絵《いっぺんひじりえ》に描かれた図にも如意輪堂が見えるという。院政時代に那智山が観音浄土（補陀落《ふだらく》浄土）と考えられるようになり、こうした信仰から西国三十三所観音霊場となったようだ。

『熊野日記』に応永三十四年（一四二七）足利義満（一三五八―一四〇八）の側室北野殿一行が那智山に参詣、飛滝権現に「御奉弊おハリて申あけつゝち、如意輪堂に御まいりてありて」と記されている。

天正九年（一五八一）四月には織田信長（一五三四―八二）の兵火で那智一山が炎上し、そのとき如意輪堂も焼失している。そのため同十三年豊臣秀吉が大檀那となり、同十八年に再建された。これが現在の本堂（国指定重要文化財）で、そのとき大門・鐘楼・護摩堂・宝蔵なども建立された（安藤・五来　一九八三）。明治初年（一八六八）の廃仏毀釈で如意輪堂も廃され、同八年に本堂

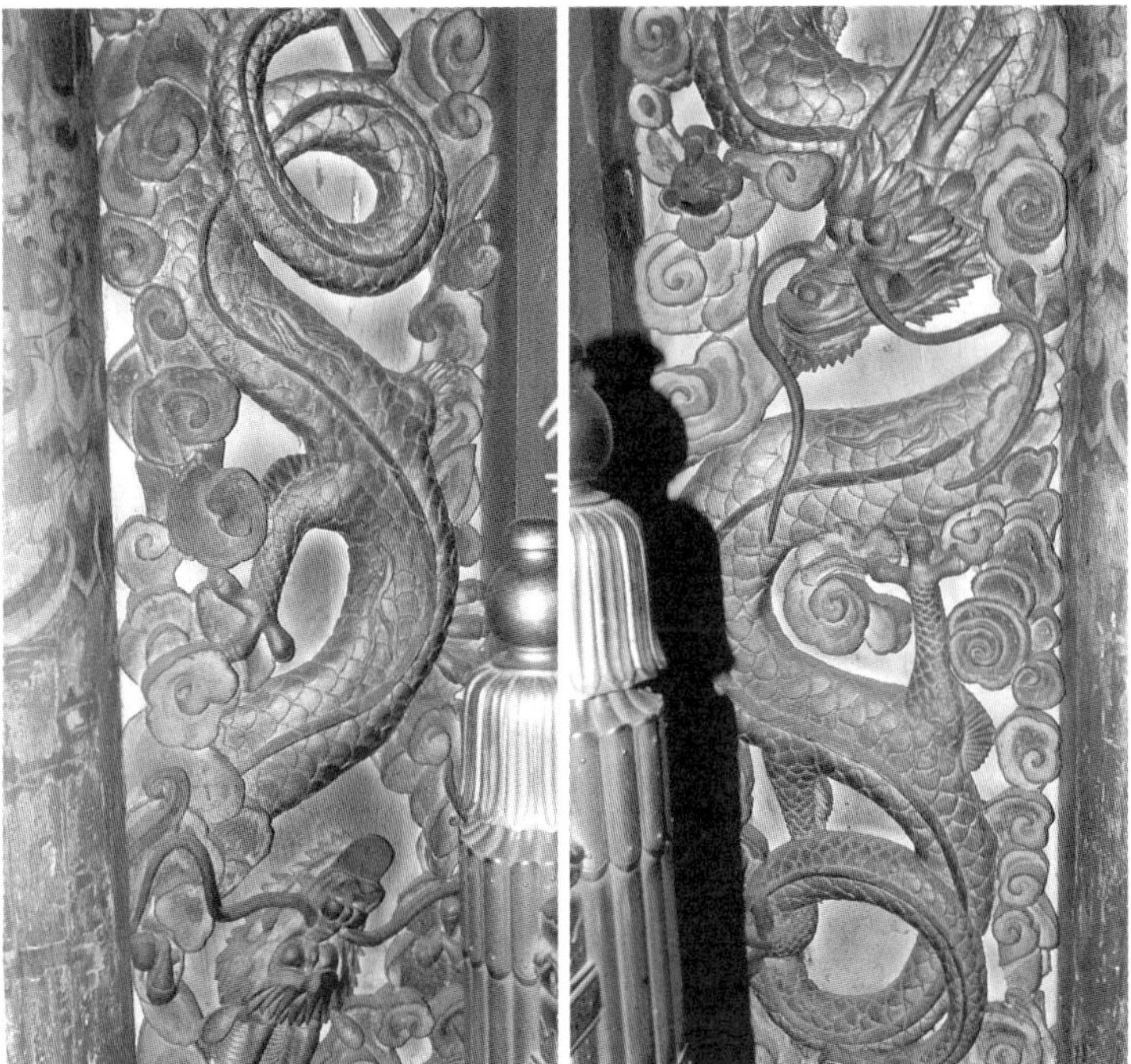

[写真6-3] 観音道場那智山青岸渡寺（那智山寺）の、那智の滝を登ろうとする龍（右：吽形で玉を握る。左：阿形　写真提供：青岸渡寺）

として天台宗青岸渡寺が創建された。

なお、提供を受けた阿吽の龍は那智滝を登ろうとする龍で、秀吉時代のものである（写真6−3）。なお、阿吽ともに三爪である。なお、吽形が玉を握る。

(3) 長谷寺（奈良県桜井市初瀬七三一の一）

大和国長谷寺といい真言宗豊山派総本山で、西国三十三所観音霊場第八番ともいう。本尊は十一面観世音菩薩で通常は須弥壇の上に本尊がのるのだが、長谷寺では平らな大磐石の上に立つ。本尊の高さは三丈三尺（一〇メートル余）である。花の寺ともいわれ、四季を通じて綺麗な花が見られる。

種々の行事のなかで二月八日に行われる追儺会は半鐘・太鼓・法螺貝など一斉に鳴り響き、大鬼面を着けた赤・青・緑の鬼が参詣者を威《おど》し、大松明を撒き散らし内陣・外陣を三周回ってから寺僧たちの法力に改心して退散する。

開祖の徳道上人は養老二年（七一八）に冥土で閻魔大王に逢って「生き反り、西国三三カ所の観音霊場を開祖せよ」と命じられ、黄金の宝印を授けられた。なお、徳道上人は神亀元年（七二四）に聖武天皇より長谷寺建立と本尊十一面観音菩薩像の聖勅をたまわり、観音像の開眼供養を僧行基（六六八―七四九）が行った。

なお、この長谷寺ははじめ東大寺に属し、一〇世紀末には興福寺の末となり、郡山城を拠点に大和・紀州・和泉の一部などを所有して大和大納言と称された豊臣秀長（一五四〇―九一）によって天正十六年（一五八八）に伽藍を復興し、紀州根来寺より専誉《せんよ》を迎えて新義真言宗に改め、諸寺から独立することになった。

徳川家光（一六〇四―五一）の時期に寺領三〇〇石を安堵されるなど厚い庇護をうけ、観音堂などを再建した。その後も徳川氏より寄進が続いたという。松尾芭蕉（一六四四―九四）の参詣があったりした。

長谷寺の最盛期には学僧一〇〇〇人がいたという。末寺は約三〇〇〇である（小学館・二〇〇七）。長谷寺からは、龍王の写真提供を受けている（写真6―4）。

［写真6-4］長谷寺の難陀龍王
（高さ190㎝　写真提供：長谷寺）

⑷ 法隆寺（奈良県斑鳩町法隆寺山内一の一）

推古九年（六〇一）聖徳太子が斑鳩宮の造営を始める。太子が斑鳩に移ったのが同十三年のことであった。同十四年、法隆寺の名称が『日本書紀』に初めて記載される。翌年、父用明天皇のために薬師如来坐像を作成した。聖徳太子が四九歳で死亡（推古三十年〈六二二〉）した後、金堂の釈迦三尊像が完成する。

残念なことに皇極二年（六四三）蘇我入鹿（？—六四五）が山背大兄王《やましろのおおえのおう》らを斑鳩宮に襲い、上宮

［写真6-5］法隆寺西院伽藍金堂の四隅の柱に巻きつく龍

王家（太子一族）が滅亡したと伝える。日本書紀には一屋もなしと記録される。その後には種々の歴史があったが、豊臣秀頼（一五九三―一六一五）が全伽藍を修理したという。

さて、法隆寺でもっとも重要な儀式は、聖徳太子を偲ぶ会式で、正月八日から金堂で始まる僧侶たちによる読経である。さらに時が進んでもっと重要な儀式が、春近く三月二十二日から三日間の聖霊院での等身大の尊聖徳太子像を拝むことができる会式である（小学館・二〇〇七）。

さて、龍の資料の提供をお願いしたところ、次の知らせが届いた。

「法隆寺に伝わる龍の件ですが、西院伽藍金堂の二重目の軒下に四隅に四体の龍の木像の彫刻がある。この龍は元禄年間（一六八八―一七〇三）の金堂修理の際に軒の補強のために新設された支柱の装飾であるという。四本とも三爪である。」

写真は数年前に法隆寺を訪問した際に撮影したものを活用した（写真6―5）。四角の柱に龍が巻きついている例である。

(5) 唐招提寺（奈良市五条町一三―四六）

奈良時代に来日した唐の僧、鑑真（六八八―七六三）によって創建された律宗の寺院である。鑑真和上の来日の苦労についてはここでは触れないことにする。奈良市の西ノ京と呼ばれた地域に立地する。最初からすべての伽藍が整ったわけではなく、まず、七六〇年平城京の東朝集殿を施入して講堂となる。藤原仲麻呂（七〇六―六四）が食堂を寄進した。天応元年（七八一）に金堂の建設が始まり、本尊は盧舎那仏坐像である。また、ずっと新しく享和二年（一八〇二）落雷により五重塔が焼失する。

平成十年（一九九八）金堂を含む唐招提寺の伽藍建築が世界遺産に指定されると、奈良県教育委員会を中心として金堂の大修理事業が始まり、全面解体の大修理事業が始まったことは有名である（小学館・二〇〇七）。ちょうどそのころ訪れたが中に入れなかった。

なお、唐招提寺からは、龍の化身とされる金色の亀「金亀舎利塔」（国宝）の写真（写真6―6）

［写真6-6］唐招提寺の「龍の化身」と伝わる金色の亀「金亀舎利塔」
（写真提供：唐招提寺）

が送られてきた。これは鑑真和上が来日の際に将来されたものである。説明文によると次のようにある。

「古来唐招提寺の仏舎利は仏舎利中の仏舎利として尊ばれた。金亀仏舎利は名の通り亀の上に宝塔を置き、その塔の軸部は繊細な唐草透彫りを施し、内部の白瑠璃の舎利壺を拝するように工夫されている。」

(6) 興福寺（奈良市登大路町四八）

長大な歴史のある寺院である。大化元年（六四五）のこと、藤原鎌足（六一四―六六九）が釈迦三尊像を造営、旧の寺院から藤原不比等が平城京遷都とともに現在地に移し、興福寺とする。また、和銅三年（七一〇）に金堂が建立される。その後、東金堂・五重塔・西金堂・北円堂・南円堂の順に建立され、総建時の大伽藍がそろった。諸金堂の中心は中金堂である。

治承四年（一一八〇）に平氏の襲撃で全焼する。現在の本尊は釈迦如来坐像（高さ二八三・九センチ）で、中金堂の発掘が行われたのは平成二十年になってからである。調査によって創建当時の鎮檀具が発見され、大きな話題となった。中金堂は東西約四〇・三メートル、南北二七・一メートル、大きな礎石のうち六四個が創建当時のものであることが判明した。平城京の大極殿の大きさに匹敵することまで判明した（小学館・二〇〇七）。

歴史ある寺院からはかの有名な国宝の「華原磬《かげんけい》」の写真が寄せられた（写真6―7）。高さ九六センチ、金鼓の外径二四・三センチで、説明文によると、西金堂に安置され金鼓と称されていた。天平勝宝三年（七五一）に完成したとされる。『宝字記』によると、

「……竜形四頭、含白玉各一面、……回転自在の婆羅門形一人、持槌」

とあることから、四頭龍からなり白玉をそれぞれ口に含んでいたという。さらに龍と龍の平らな所に婆羅門がいたことになる。今は失われている。龍のうち二頭が雌で二頭が雄で、龍の

[写真6-7] 興福寺の「華原磬」（国宝）
（写真提供：興福寺）

髭が垂れた方が雌で立った方が雄であるという。全面に金色であったという。

この「華原磬」は陰陽雌雄の別を意識して作られたようで、古代中国の唐で製作されたものと考えてよさそうである。

(7) 平等院（京都府宇治市宇治蓮華一一六）

この平等院は摂政の藤原一族と特に深く関わっている寺院である。特に藤原氏の全盛期の道長（九六六―一〇二七）頼道（九九二―一〇七四）は摂政・関白としての権力を握り、天皇は式典だけを、政権などは藤原氏が握った。その最大の要因は天皇との間にとても濃い婚姻関係を結んだことによる。もともと藤原氏は宇治との関係が深く、特に道長は別荘を持つほどであった。その後を継いだ頼長の時代にはやや傾きかけたとはいえ、その別荘の跡に永承七年（一〇五二）に浄土信仰に基づく平等院を作り、翌年、仏師定朝《じょうちょう》（?―一〇五七）によって阿弥陀如来坐像（国宝）がその中心の鳳凰堂に安置された。その後、一部戦火に遭うこともあった。ちょうどこのころ末法思想がはやり、釈迦入滅後から二〇〇〇年目からこの世が乱れ仏法が衰えるとする。年代的には一〇五二年で、僧侶・貴族間に深刻に影響を及ぼした。阿弥陀如来に救いを求め、貴族は庭に阿弥陀堂を建てて救いを求めることとなった（小学館・二〇〇七）。

平成二年（一九九〇）には庭園の発掘作業が行われて、池の前に砂州があることが判明し、復元されている。また、宝物館も建てられ多くの宝物は館に納められた。なお、お手紙によると、

「龍は数年に一度公開されるということで、その際に取り寄せるのであるが、どこかにしまい込んで残念ながら不明である。申し訳ないと思っています。」とあり、惜しいことであるがここに提示できない。

⑻ 萬福寺（宇治市五ヶ庄三番割三四）

黄檗宗《おうばくしゅう》の本山である。承応三年（一六五四）明の僧、隠元（一五九二―一六七三）は、六三歳で来日し、四年後の万治元年に江戸城で将軍家綱（一六四一―一六八〇）に謁見し、宇治の地に寺領九万坪と四〇〇石を賜る。のち前大老酒井忠勝の遺言で一〇〇〇両の寄進を受ける。さらに将軍から二万両とチーク材の寄贈を受ける。

少しずつ寺院の形式を整えて寺院の体裁が整っていく。黄檗宗はやがて臨済宗・曹洞宗と並ぶ禅宗三派に数えられる。本殿は大雄宝殿と呼ばれ、本尊は釈迦如来坐像である。隠元が住んだ松隠堂に今は布袋坐像が安置されている。なお、軒下部分の天井は円弧状の垂木を龍の腹のように並べた蛇腹天井である。

明治八年（一八七五）に地域の大部分を陸軍に没収され弾薬庫となるが、復活して現在に至る。寺院に問い合わせると、寺院そのものが龍と同じであるという連絡をいただいた。隠元はインゲン豆・レンコン・スイカを伝えた人でもある（小学館・二〇〇七）。

⑼ 東本願寺（京都市下京区烏丸七条上ル常葉町）

徳川家康（一五四二―一六一六）によって教如《きょうにょ》（一五五八―一六一四）に烏丸六条の寺地が寄進され、これによって東本願寺の基礎となる。それから一両年のうちに阿弥陀堂と世界最大の木造建築である恩影堂が竣工されることになった。その後、天明八年（一七八八）・元治元年（一八六四）の禁門の変による罹災など江戸時代を通じて四回ほどの火災に遭い、仏像を除くほとんどの文化財を消失した（小学館・二〇〇七）。

寄せられた龍の資料は旧来からの手水舎の青銅製の龍であったが、折り目がついており資料として使えなかった。残念である。

⑽ 清水寺（京都市東山区清水一丁目）

この清水寺は北法宗の総本山である。創建時から坂上田村麻呂（七五八―八一一）と関係があり、かの有名な音羽の滝のほとりに堂宇を建て、十一面千手観音を安置したのは宝亀十一年（七八〇）のことであった。その後、順次伽藍を拡張し、清水寺と呼称するようになったのは弘仁元年（八一〇）のことで、鎮護国家の道場となる。その後、田村麻呂は四万の兵を率いて東北遠征、帰国後は最終的に正三位大納言となる。

その後、たびたび破壊・戦火に遭うが、なかでも応仁の乱（一四六七―七七）の兵火で諸堂が

［写真6-8］清水寺の経堂天井画
（江戸時代前期の絵師・岡村信基筆　写真提供：清水寺）

［写真6-9］相国寺法堂の天井画「蟠龍図」（狩野光信筆　写真提供：相国寺）

消失する。文明十六年（一四八四）に復興される。その後約二〇〇年して大火のため伽藍のほとんどを失うが、第三代徳川家光（一六〇四―五一）によって復興の道が開け、西門・三重塔・本堂の再建となる。

本堂には十一面千手観音立像、奥の院には三面千手観音菩薩坐像、釈迦堂には釈迦如来坐像が安置され、昭和四十七年に本堂が国宝に指定され、平成六年にユネスコの世界遺産に登録される（小学館・二〇〇七）。

提供された写真は経堂の天井画で龍の爪数は三爪である。絵師は江戸時代前期の岡村信基（生没年不明）である（写真6―8）。

⑾ 相国寺《しょうこくじ》（京都市上京区今出川通烏丸東入ル相国寺門前町七〇一）

臨済宗相国寺派の大本山である。建立の発端は室町幕府三代将軍足利義満（一三五八一四〇八）によって禅寺の創建を初願し、その名称が相国寺と決定し、法堂と仏殿の建築が始まるのが、永徳二年（一三八二）のことであった。伽藍が完成したのがこれから約一〇年を過ぎていた。応永六年（一三九六）七重塔が完成したが、落雷のため全焼となる。

さらに応仁の乱で細川勝元（一四三〇―七三）の拠点となり、兵火のため全焼となる。慶長元年（一五九六）に豊臣秀頼の寄進により法堂が落成、ここの本尊は釈迦如来坐像が安置されている。一時は京都五山第二の寺と言われたこともある（小学館・二〇〇八）。

その天井に絵師狩野光信（一五六五―一六〇八）によるとされる蟠龍図が描かれ、鳴き龍でもある（写真6―9）。

⑿三千院（京都市左京区大原来迎院町五四〇）

若狭街道を高野川沿いに上るとやがて小さな盆地が開けてくる。その地に三千院はある。もとは京都市中にあって伝教上人（最澄。七六七―八二二）が、比叡山東塔の南谷に小堂を建立、円融坊とする。この創建が延暦七年（七八八）のことであった。

応徳三年（一〇八六）に改名して円徳院と称するようになった。また、久安四年（一一四八）のこと真如坊女が、亡き夫の高松中納言実衡の菩提を弔うため常行三昧堂（現・往生極楽院）を建立し、阿弥陀三尊像を安置する。その後、火災にあって市中を転々とする。応仁の乱により梶井門を焼失し、一時大原に政所を移す。

［写真6-10］三千院「松龍図」（写真提供：三千院）

元禄十一年（一六九八）に徳川綱吉（一六四六―一七〇九）により上京区梶井町に土地を寄進され、移転する。ところが明治元年（一八六八）に門主の昌仁法親王が環俗して梨元宮守脩親王（皇族）となり、寺宝は大原に移されるが数年後には三千院の寺号を名乗る（小学館・二〇〇七）。平成十四年（二〇〇二）に阿弥陀三尊坐像が国宝となる。

なお、寄せられた絵画は松龍図で、もし松が龍に変換されるものであれば、仙人が龍に乗る姿を表現されたものと解釈してよさそうである（写真6―10）。

臨済宗大徳寺派の大本山である。本堂にある本尊は第四代徳川家綱（在位一六四一―八〇）により寄進された釈迦如来像である。建立までの歴史をたどれば、正和四年（一三一五）宗峰妙超によって紫野に小庵を営み「大徳」の額を掲げる。花園天皇（在位一三〇八―一八）の時期に大徳寺を祈願所とする院宣を賜り、その後の後醍醐天皇（在位一三一八―三九）からも勅願道場とともに京五山の上に列せられる。

⒀ 大徳寺（京都市北区紫野大徳寺町五三）

室町幕府が京都十刹の九位と定める。京都五山の下になってしまった。享徳二年（一四五三）に大火のため仏殿・法堂などを焼く。その復興途中で応仁の乱によって罹災、寺運が衰退することとなった。文明六年（一四七四）一休宗純が第四十七代住持となり、復興に尽力。五年後に仏殿が再建される。

さらに延徳三年（一四九一）堺の豪商尾和宗臨により一休の塔所（墓所）として真珠庵が再建される。塔頭が再建され、さらに天正十年（一五八二）に豊臣秀吉（一五三七―九八）が織田信長の葬儀を執り行い総見院を建立する。その三年後秀吉が大徳寺で大茶の湯を催す。その四年後に千利休（一五二二―九一）が山門の二階部分を造営する。

さらに沢庵宗彭《たくあんそうほう》（一五七三―一六四五）は、紫衣勅許を無効（一六二七年）とした幕府に抗議し、流罪となる事件も起きている。ただ、江戸時代に入ると塔頭が次々と建立されるようになる。寛永十三年（一六三六）からは法堂や方丈などが建立され、寛文五年（一六六五）京の豪商那波常有（正没年不明）によって仏殿が建て替えられ、寺観が整ってきた。昭和になってから三年に及ぶ山門の修理や国宝唐門の解体修理が行われた（小学館・二〇〇七）。

［写真6-11］大徳寺法堂の天井画
（狩野探幽筆　写真提供：大徳寺）

なお、法堂の天井画（重要文化財。狩野探幽〈一六〇二―七四〉）の提供をうけたのでここに提示する（写真6―11）。

(14) 四天王寺（大阪市天王寺区四天王寺一の一一の一八）

「日本仏法最初四天王寺」という石標が建つ寺院もほんとうに珍しいが、わが国で最初に建立された寺院の誇りでもある。用明二年（五八七）に聖徳太子が仏教の導入に反対した物部守屋（?—五八七）を討伐するのに四天王に戦勝を祈願し、寺院の建立を誓う。推古元年（五九三）聖徳太子が浪速荒陵に創建する。この寺に空海（七七四—八三五）・最澄（七六七—八二二）も参拝している。天徳四年（九六〇）火災のため主要伽藍を失う。寛弘四年（一〇〇七）『御手印縁起（四天王寺縁起）』が発見され、天皇や皇族の参詣が頻繁となる。

建久六年（一一九五）には源頼朝が参拝している。足利義満が四天王寺領の課税を免除したという。畠山義就《よしひろ》、織田信長が四天王寺を焼き払ったというが、特に

（左：龍、右：鳳凰　写真提供：四天王寺）

［写真6-12］四天王寺の鼉太鼓

信長は石山本願寺攻めのついでに四天王寺を焼き、寺領を没収している。

再建の兆しは、天正十一年（一五八三）に豊臣秀吉の命を受け、伽藍の復興へと進むが、大坂冬の陣（慶長十九年〈一六一四〉）の兵火で諸堂が焼失し、のち幕府の援助で再建される。しばらくはそのままであったが、享和元年（一八〇一）に落雷によって主要伽藍が焼失する。その後、町衆の勧進により文化六年（一八〇九）に伽藍再興となる。また、昭和二十年（一九四五）の戦火で伽藍のほとんどを焼失している。翌年、天台宗から独立し、和宗を開創する。

考えてみると壮大な歴史のなかで翻弄された寺院であった。昭和三十四年八代目の五重塔が竣工し、中心伽藍が再建され、復興記念大法要を営む。主要祭祀は聖徳太子の御霊を慰める春爛漫のころの大行事や四天王寺の舞楽などが有名である。また、春期彼岸会でも大変に賑わう

（小学館・二〇〇七）。

金堂の本尊は救世観音半跏像とその左右を四天王立像が並ぶ形式となっている。特に古代の行事を彷彿とさせるのは、金堂の本尊の真下から湧き出る清水を亀井の水として祭祀に用いてきたことという。考古学を専攻した者にとってはかの酒船石遺跡の亀型石造物を思い出す。いずれも聖水である。

四天王寺からは太鼓の写真の提供をうけている。龍と鳳凰の模様がある（写真6―12）。

⒂ 善通寺（香川県善通寺市善通寺町三丁目）

五岳山の北東麓に立地する。真言宗善通寺派の総本山で本尊は薬師如来像である。古くから弘法大師（空海）の生誕地に伝えられている。空海は讃岐国屏風浦の佐伯直田公の子で、上京し大学などで経史・文章を学んだが、まもなく仏教に開眼し、延暦二十三年（八〇四）に遣唐使に従い入唐、帰朝ののち弘仁七年（八一六）から高野山開山に着手する。

ただ、生誕地が善通寺としても一〇世紀には東寺の末寺になっていたという。天喜四年（一〇五六）ころには免田が拡大したらしく、同年末には用地地子米が三二石二斗とったという。保延四年（一一三八）には各地に散在していた寺領が国司の藤原経高（正没年不明）によって寺院の周辺に集中一円化した。間もなく善通寺には多度郡中村郷に五九町五段、弘田郷に一三町九段、仲村郷に三条七里一七坪とした。

［写真6-13］善通寺・中門の龍
（上：阿形　下：吽形。玉を握っている。　写真提供：善通寺）

鎌倉時代になると、再興の歩みをはじめ建仁三年（一二〇三）には善通寺と曼陀羅両寺を東寺の末寺として安堵するという庁宣がだされた。弘安九年（一二八六）には兵庫島において一艘別三〇文の関銭を徴収する権利を認められた。鎌倉後期には蒙古襲来に際し祈禱を行ったという建治二年（一二七六）八月の注進状が残っている。ただ鎌倉末期になると善通寺はやや衰退期に入るがその原因が在地領主の濫《らん》妨《ぼう》があったようだ。

少し時代は変わって貞治六年（一三六七）になると讃岐の

守護細川氏が善通寺を保護していたが、戦国時代から再び衰退期に入っていった。江戸時代も割りに遅くなってから再建の道を歩きはじめている。

宝暦四年（一七五四）に住職となった阿波出身の高国になってから五重塔をということになり、丸亀藩の許可や高野山に上がり、銀一〇貫匁、金六〇両を受け取ったのが同九年であった。造塔棟梁役に山下孫太夫と弥五郎衛を正式に任命し、建造の出願を行った。

「讃岐国善通寺五重塔再建之事、温基本源太師利生之芳□鎮護国家勅願異於他処也」

とあり、五重塔の再建が許可された。この際、真言宗各派の協力を得ることもできた。工事費用も銀六一貫にも及んだ。文化元年（一八〇四）秋には五重塔入仏供養も終わることができたが、天保十一年（一八四〇）五重塔は火災により崩壊してしまった。再び再建にかかり三五年を要することとなった（川野・武田　一九八九）。

なお、龍に関する多くの資料を送っていただいた。そのうち五重塔の龍を採用するが一方は玉を握っている（写真6―13）。

若干のまとめ

ここでは主要寺院一五寺のまとめに入る。最初は小学館編集の『古寺を巡る』の五〇寺に龍関係の資料を提供願いの手紙を出し、一五寺から何らかの龍の写真の提供をうけた。その大部分は龍の天井画で、一点だけ手水舎の三爪の青銅製龍清水の提供をうけたが、写真の真ん中に折目があり、写真資料として利用できなかったのが残念である。

その他はすべて三爪の龍の天井絵であった。各寺院の項で御覧いただいたように素晴らしい天井画であった。作者はその都度述べているので改めて提示しないが、ここに一五寺の分布図(図6―1)を作成することで、まとめとしたい。

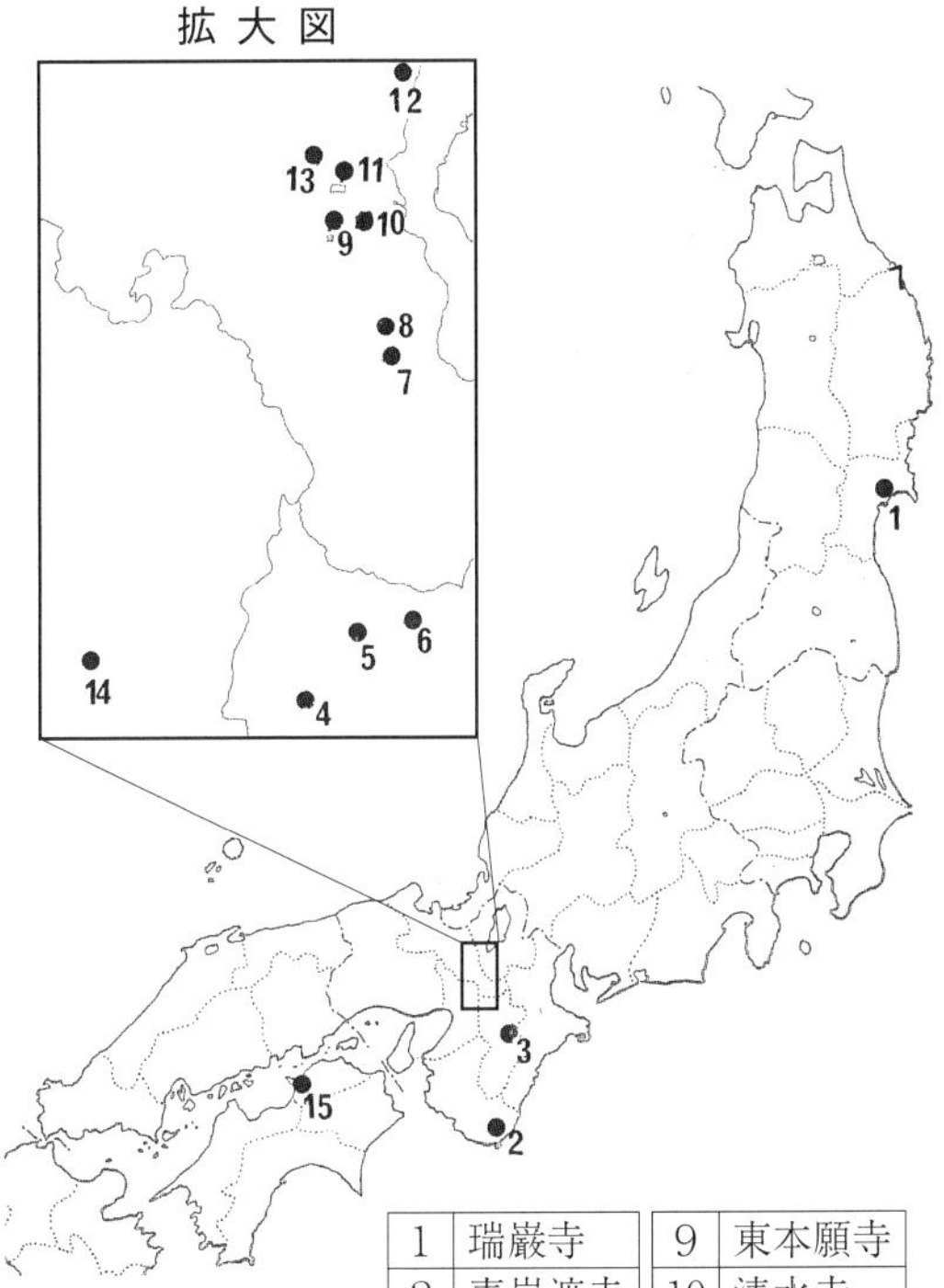

1	瑞巌寺	9	東本願寺
2	青岸渡寺	10	清水寺
3	長谷寺	11	相国寺
4	法隆寺	12	三千院
5	唐招提寺	13	大徳寺
6	興福寺	14	四天王寺
7	平等院	15	善通寺
8	萬福寺		

[図6-1] 資料を寄せてくださった寺院15寺

七、全国主要神社の龍について

はじめに

『週刊神社紀行』（学習研究社版）収録の全六二三神社のうち六一一社に龍の資料送付のお願いをし、そのうち四六社より返答を受け、さらにそのなかで何らかのかたちで龍関連の例を紹介した神社は三社、龍関係の資料を送ってくださった神社数は二四社となる（次ページの図7－1）。それらの龍について各神社の歴史とともに述べたい。

前章で見てきたように寺院にも龍の記録が残るが、明治二年（一八六九）の廃仏毀釈で多くの寺院が破壊され神社へと変えられた。したがって寺院の数は神社に比べるとやはり少なく、やはり龍も神社にはより豊かに残っている。

(1) 岩木山神社（青森県弘前市）

津軽一の宮で弘前市百沢に鎮座し、岩木山をご神体として崇拝し山上に奥宮がある。岩木山は標高一六二五メートル、山は三峰となっている。神仏習合の時代には中峰が阿弥陀如来、右

1	岩木山神社	13	白山比咩神社
2	出羽三山神社	14	北野天満宮
3	塩釜神社	15	八坂神社
4	二荒山神社	16	春日大社
5	鹿島神宮	17	熊野本宮大社
6	香取神宮	18	熊野那智大社
7	秩父神社	19	西宮神社
8	三峯神社	20	吉備津神社
9	箱根神社	21	厳島神社
10	三嶋大社	22	筥崎宮
11	諏訪大社	23	太宰府天満宮
12	戸隠神社	24	阿蘇神社

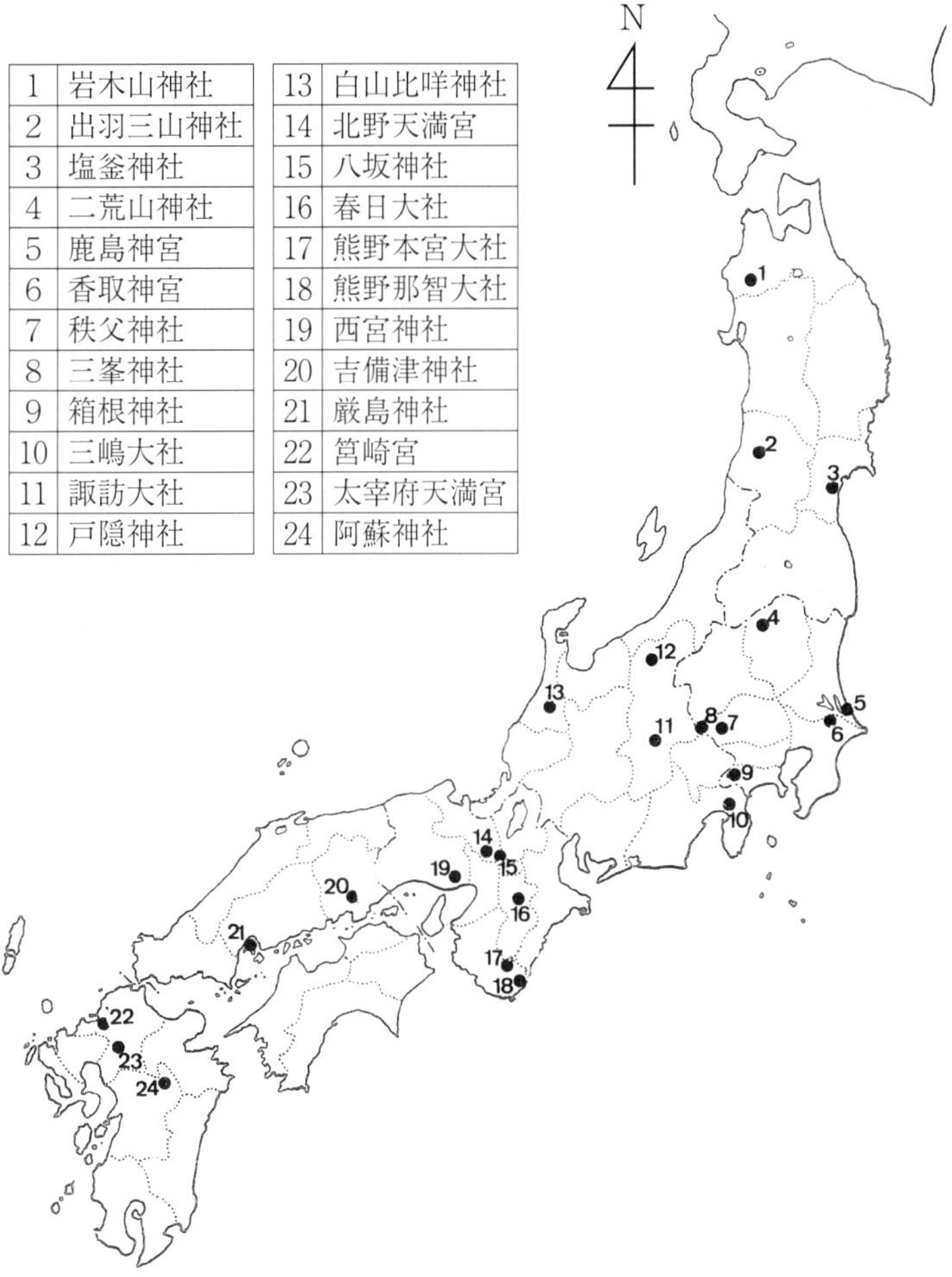

［図7-1］龍の資料をいただいた全国の神社の分布図

［写真7-1］岩木山神社の庇柱の黄金龍
（右：阿形、左：吽形　写真提供：岩木山神社）

峰が薬師如来、左峰が十一面観音となっていた。岩木山の主神は顕国魂神《うつしくにたまのかみ》で山と津軽の国を守り、津軽土着の神とされる多津比姫神《たづしひめのかみ》は水利を、同じく宇賀能売神《うがのめのかみ》は五穀を掌《つかさど》るという。百沢には真言宗の公明院百沢寺があって、天正十三年（一五八五）の岩木山の大噴火によってほとんど焼失、復興は津軽氏の援助による。初代津軽為信が慶長八年（一六〇三）に大堂現（現在の拝殿）、二代津軽信枝は寛永五年（一六二八）に山門（現在の楼門）を建立し、四〇〇石を与えている。女人禁制の岩木山も廃仏毀釈によって仏像類の大部分は弘前市の長勝寺に移された（守山 一九八四）。

楼門・拝殿・本殿は国の重要文化財で旧国幣小社。本殿は黒漆塗りで華麗である。正面庇柱には金色の三爪の龍が巻き昇龍の形を整え、右柱に阿形、左柱に吽形で、吽形の左爪で玉を握る。作者は越前右衛門浄心で制作年代は元禄七年（一六九四）である（**写真7−1**）。

(2) 出羽三山神社（山形県）

出羽三山は修験の山として東北一の山で、今でも先達の厳格な指導のもとに修行し、特にその戒律は厳重である。行場として名高いのは苦行の道場といわれる羽黒阿久谷であったり湯殿山の神滝などである。

出羽三山とは、月山《がっさん》神社（庄内町。祭神：月読神）、出羽《いでは》神社（鶴岡市。祭神：伊底波《いぜは》神・倉稲魂神《うがのみたま》）、湯殿山《ゆどのさん》神社（鶴岡市。祭神：大山祇命《おおやまずみのみこと》・大巳貴命など）の総称で、山そのものが神であり、古くは

「延喜式」神名帳に記されたのが最初である。

月山神は元慶四年（八八〇）に従二位まで昇ったのが最高位であった。その山は精霊の山として供養が特に重要視され、湯殿山には即身仏のミイラがあることでも名高い。

羽黒山の山中に現存する五重塔（国宝）は文中三年（一三七四）別当の武藤政氏の再建による。

［写真7-2］旧弁扶堂の龍（庇柱に阿吽一対の龍）

［写真7-3］旧弁扶堂の拝所の「霊祭殿大天井鎮魂絵」

（写真提供：上下ともに出羽三山歴史博物館）

また、三神合神殿の前の鏡池からは工事や小調査にともなって多くの鏡が発見されている。散逸した鏡も多いが、決まって黒色なので素人でも判定しやすい。出羽三山歴史博物館には一九〇面の鏡が保管され、国宝に指定されている（新野　一九八四）。

旧弁抉堂の拝所の右の庇柱には阿形の昇龍、左庇柱には吽形の降龍が巻きつき、いずれも三爪である。また、拝所「霊祭殿」の大天井にも一体の龍が横たわっている（写真7―2・3）。

さらに出羽三山歴史博物館には重要文化財指定の青銅製の燈籠竿がある。その胴の上下に倶利伽羅龍王（不動）が陽刻され、うち上は倶利伽羅龍王が倶利加羅剣を呑み、下の陽刻は倶利伽羅宝剣に絡む構図である（写真7―4）。

なお、正面と側面には陰刻が次のようにある。

［正面］　奉施入　寂光寺鋳造大燈爐
右勧進十万施主欲祈各各所求而已

［側面］　文和元年七月廿五日（北側）
大江沙耶浄円家吉　大勧進聖弘俊家守

［写真7―4］倶利伽羅龍王（出羽三山博物館蔵）

［写真7-5］鹽竈神社鉄製灯籠の龍（写真提供：鹽竈神社）

(3) 鹽竈《しおがま》神社（宮城県塩竈市）

朝廷が「遠の都」として多賀城を築いたが、鹽竈神社は田賀城の東三キロにあり、陸奥国一の宮である。塩竈の湊は国府が海路によって中央と結ぶ外港として利用されたようだ。田賀城の東門は発掘によって正門位の機能をもつ門とされ、その先に鹽竈神社があって田賀城と深い関係にあるようだ。

藤原秀衡（?―一一八七）の三男和泉三郎が寄進した鉄製の灯籠が残っている（写真7―5）。

なお、藩制時代には伊達正宗（一五六七―一六三六）が社寺造営し、元禄十五年（一七〇二）に火災で灰燼に帰すが、五代吉村によって再建された。旧国幣中社である（三崎一九八四）。

なお、鹽竈神社は漁労神として拝められ、出漁の前に大漁を祈願する。

［写真7-6］二荒山神社本殿の蟇股の龍（写真提供：二荒山神社）

(4) 二荒山神社《ふたらさん》（栃木県日光市）

周辺には日光東照宮や日光山輪王寺などが存在し、男体山（標高二四八六メートル）を崇敬する。太郎山神社の巌石の間から古鏡二八面、古銅印、懸仏、仏像、古銭、鰐口、経塚関係、各種仏具など仏教関連の遺物が検出された。古鏡のなかには海獣葡萄鏡（国宝）などもあり、昭和三十年（一九五五）に発掘調査が実施されたものである。

祭神は大己貴命《おおなむじのみこと》などで、貞観十一年（八六九）に「二荒神」として正二位に昇る。一〇世紀中ごろになると二荒山権現となり、さらに男体山の出土遺物からは修験の影響も受けている。

なお、二荒山神社の蟇股に干支の龍がいる（写真7－6）。作者は不明で、元和五年（一六一九）の作である。おそらく十二支そのものであろう（前沢　一九八四）。

(5) 鹿島神宮（茨城県鹿嶋市）

鹿島神宮と香取神宮はいずれも武の神で、鹿島神宮は現利根川を挟んで茨城県の南部の鹿島台地に立地する。『続日本紀』宝亀八年（七七七）に鹿島神宮は正三位の位階を有し、『続日本後紀』によると承和三年（八三六）には正二位勲一等となる。

（右：阿形、左：吽形　写真提供：鹿島神宮）

ご祭神は武甕槌《たけみかづち》大神で、天暦元年（九四七）七月からは中臣一族がかなり長く宮司を務め、近世初期まで続いた。「延喜式」神名帳では名神大社として朝廷の月次・新嘗祭にあずかり、それは香取神宮も同様であった。

村上天皇（在位九四六－六七）のとき、中宮安子の皇子出産を父の右大臣藤原師輔《もろすけ》（九〇八－六〇）が鹿島に祈願、さらに一条天皇（在位九八六－一〇一一）の中宮威子は鹿島・香取に皇子出産を祈願、寄進物を納めた。また、康和元年（一〇九九）以降社殿の造営も進んでいった。鎌倉時代の源頼朝は妻政子の出産に際して奉幣し、また、鎌倉幕府や足利尊氏などの寄進をうけ鹿島神宮は経済的には安定した。

［写真7-7］鹿島神宮の龍

天正十八年（一五九〇）の豊臣秀吉の小田原城攻撃に際して祈禱巻数を献じ、大宮司中臣則興に神領内での狼藉を禁じた。徳川家康により、慶長七年（一六〇二）に改めて鹿島郡内二〇〇〇石が安堵され幕末にまで至る（大和一九八四）。

楼門は入母屋造・銅板葺・丹塗、仮屋は入母屋造・檜皮葺で、いずれも国の重要文化財である（瀬谷義彦一九八二）。本殿から石の間に通じる辺りの二柱に三爪の上半身の阿吽の極彩色の龍がいて吽形の右爪に玉を握る（写真7－7）。

(6) 香取神宮（千葉県香取市）

『日本書紀』のなかに「……今東の国の梶取の地に存す」とある。式内社で祭神は経津主命《ふつぬしのみこと》で、武甕槌命《たけみかづちのみこと》（鹿島神宮の祭神）とともに天孫降臨に先立ち葦原中国を平定した神である。『続日本紀』に宝亀八年（七七七）に正四位上となり、『続日本後紀』には正二位に昇っている。また、承和六年（八三九）に鹿島神宮とともに従一位となっている。『三代実録』によると元慶六年（八八二）正一位勲一等香取神社となっている。

［写真7-8］香取神宮の蟇股の龍（写真提供：香取神宮）

平安中期ごろから宮司は大中臣氏が務め、鎌倉初期に千葉氏の干渉をうけ、室町時代から戦国時代に千葉氏と一族の国分氏との関係が強まったりした。徳川家康の関東入部にともなって、香取郡内一〇〇〇石と確定された。慶長十二年（一六〇七）に江戸幕府は社殿の大改修を行い、徳川綱吉（在位一六八〇―一七〇九）は本殿・楼門・祈禱殿（旧拝殿）の造営を行った。本殿と古瀬戸黄釉狛犬は国の重要文化財（大和一九八八）。

なお、本殿正面中央の蟇股の彫刻が木製の極彩色の龍で三爪と思われる。作者は不明だが、作成時期は元禄十三年（一七〇〇）といわれている（写真7―8）。

(7) 秩父神社（埼玉県秩父市）

秩父市中央部の「母巣の森」に南面して知知夫国の総鎮守として鎮座し、『新編武蔵風土記稿』には「杉檜槻ノ大木多ク繁茂シ、古社の様思ヒ知ラル」

［写真7-9］ **秩父神社のつなぎの龍**（写真提供：秩父神社）

と記録される。ご神体の武甲山の内部は石灰石の採掘で空洞となり、頂上あたりは丸裸になっている。

大慶二年（八七八）には正四位下となった。秩父神社は武蔵国総社大国魂神社の第四宮に位置していた。主神は八意《やごころ》志金命《おもいのかねのみこと》・知知夫彦命《ちちぶひこのみこと》である。

鎌倉時代には社殿の造営に関して北条得宗家から目代を通して中村氏に命令していた。その後の社殿の造営には秩父郡内の地頭が関わった。また、永禄十二年から十三年（一五六九—七〇）にかけて甲斐武田氏の侵攻をうけ、焼失した。

家康は五〇石を寄進し、天正二十年（一五九二・文禄元年）家康によって社殿が再建され、その際、造営代官は甲州奉行を勤めた成瀬吉右衛門、番匠職・檜皮葺職は甲斐住人を呼び寄せた。

明治になって妙見信仰を廃止し秩父神社となった。祭礼として秩父夜祭が有名である。地元六町の六基の屋台が境内を出発。屋台囃子を奏しながら、前方七〇〇メートルの

［写真7-10］三峯神社水屋の角の龍（阿形　写真提供：三峯神社）

高台（お山）とその旅所に向かう。祭全体が国の重要無形民俗文化財に指定されている。

極彩色の三爪の龍は「つなぎの龍」といわれ、左甚五郎作と伝えられる。秩父神社の本殿にあり、製作年代は一六八〇年ころと推定される（牛島　一九八四）（写真7－9）。

(8) 三峯神社（埼玉県秩父市）

市町村合併で今は秩父市三峯となっている。標高一一〇〇メートルの山上を社地とし、三峯とは雲取山・白岩山・妙法嶽（奥宮鎮座地）の三つの峯が美しく連なることから発している。伊豆の国に配流された役小角《えんのおづぬ》が飛んできて修験したという。また、戦国時代の文亀二年（一五〇二）月観道満という修行僧が登山、二七年間勧進修行して天文二年（一五三三）に堂宇などを造り、彼が「中興の祖」といわれる。

三峯神社の隆盛期は享保六年（一七二一）日光法印

が入山し住職となり、「大口真神」（お犬様）の神札を発行し、この札こそ武家に武運長久、町人・農民には火防盗難除、四足（野獣）除として門戸に貼ったりした。それによって隆盛を究めたという。

階段を上がってすぐ左に極彩色の水屋（手水舎）があって、その水屋には極彩色の阿吽の龍が刻まれている（写真7−10）。さらに水屋の真上にも龍がいる。龍の彫刻は飯田岩次郎によるものでその製作年代は嘉永年間である（牛島　一九八四）。

(9) 箱根神社（神奈川県箱根町）

箱根の山々は「天下の剣」といわれるほど厳しく、それは修験の霊場でもあった。駒ヶ岳（標高一三五六メートル）の山頂に奥宮があり、その麓の芦ノ湖湖畔に箱根神社がある。鳥居は湖の中に建っている。「新編相模風土記稿」によれば、「箱根三社権現社・祭神三座で瓊瓊杵尊《ににぎのみこと》・彦火々《ほほ》出見命・木花咲耶媛《ひめ》尊となり、天平宝子元年（七五七）、万巻上人霊夢の告ありて、勧請するところなり」とある。

時あたかも治承四年（一一八〇）以仁王の平家討伐の令旨によって源頼朝が石橋山（小田原市石橋）で挙兵した年にあたる。

平家方の大庭《おおば》景親の大軍に敗れた頼朝は土肥山中を逃げ回った。岩海岸（真鶴町岩）から鮫追船に乗って房州に逃れ、軍勢を立てなおして反撃に転じることになった。やがて幕府を鎌倉に開いた。伊豆山権現とこの箱根三所権現は頼朝の厚い庇護を受けた。

明治になって箱根神社となり、毎年七月三十一日に湖水祭（龍神祭）があって、湖面に満灯が浮かび、遊覧船も電飾して湖面を照らす。芦ノ湖の小島に芦ノ湖を守る九頭龍神が祭られる（川口　一九八四）。

⑽ 三嶋大社（静岡県三島市）

伊豆国では「延喜式」神名帳に記載されている神社が多く、官社が九二社もあってうち名神大社五座、小社八七座となっている。賀茂郡四六座、田方郡二四座、那賀郡二二座で、賀茂郡の四六座のうち二三座が伊豆諸島に属する。この背景には亀卜を行うことで朝廷に仕える者が多くあったことと関連しよう。

その伊豆諸島は火山島で噴火の記録がたびたび登場する。『続日本紀』承和七年（八四〇）九月の条や『扶桑略記』仁和三年（八八七）十一月の条などに伊豆諸島の噴火の様子を伝える。ところで三嶋神は伊豆諸島の造島神話との関わりがある神であり、賀茂郡のなかに伊豆三嶋神が現在の三嶋大社と関連し、天平宝字二年（七五八）伊豆国内に神封一三戸を受け、天長九年（八三二）には名神となり嘉詳三年（八五〇）従五位上の神階を受けた。

貞観元年（八五九）ごろに種々の位を受けはじめ最終的には同十年従三位に昇叙し、『三宅記』（伊豆諸島の創世神話の記録）の伝承に『三嶋大明神縁起』なるものがあり、それが賀茂郡から現在

［写真7-11］三嶋神社本殿虹梁上彫刻「飛龍」龍（写真提供：三嶋大社）

地への遷座をうかがわせる。『吾妻鏡』に伊豆韮山の蛭ヶ島に流罪となった源頼朝は箱根権現・伊豆権現とともに三島神を厚く崇拝し、治承四年（一一八〇）の挙兵の前に奉幣して戦勝を祈願し、同年八月十七日、その祭礼の翌未明に伊豆国目代の山木兼隆の館を襲撃し殺害している。以下、石橋山の戦いへと進んでいく。

この三島神とは三島大社のことで清水に恵まれ、東海道の拠点でここから箱根越えにかかり、さらに大社の正面から伊豆半島への街道となっている。この三島の地は伊豆国の国府の地でもあり、絶好の場所を選地したことになる。やがて伊豆三嶋神は伊豆国の「一の宮」となる。

挙兵に成功した源頼朝は、文治四年（一一八八）伊豆権現・箱根権現・三嶋神に参詣し、建久六年（一一九五）には神馬・剣を奉納し、鶴岡八幡宮・伊豆権現・箱根権現などとともに鎌倉幕府崇敬の社となった。さらに江戸時代には朱印領五三〇石を受けた。官幣大社となる（神津　一九八七）。祭神は大山祇命と積羽八重事代主神《つみばやえことしろぬしのかみ》で、三嶋大社の宝物館には国宝・重要文化財が多い。さらに本殿、切目縁腰組、虹梁上の彫刻に木製の三爪の見事な雲龍が取り付けられている。作者は小沢半兵衛一派とされ、慶応二年（一八六六）のころとされる（写真7―11）。

⑾ 諏訪大社（長野県諏訪市）

諏訪大社とは上社本宮（諏訪市中洲宮山）と前宮（茅野市宮川）、下社秋宮（下諏訪町）と春宮（諏訪郡下諏訪町）、この四社を総称して呼ぶ。上社の祭神は建御名方神《たけみなかたのかみ》と妃神、下社は両神に加え八坂刀売神《やさかとめのかみ》を祀る。古くから上社を男神、下社を女神とする信仰もある。平安時代後期には信濃国一宮となった。『三代実録』貞観七年（八六五）の条に、「建御名方富命神社」とみえ、「延喜式」神名帳の延長五年（九二七）信濃国四八座のなかに「諏訪郡二座」とあるのが該当するといえよう。神階については天慶三年（九四〇）には正一位を授与されている。

鎌倉幕府は建暦三年（一二一三）以降三回も鷹狩りの禁令をだしたが、諏訪神社だけは「諏訪大明神御贄鷹」として鷹狩りが認められ、上社は牝鷹の神、下社は牡鷹の神である（この部分は筆者　一九九二）。

上社の最大の特徴は本殿をもたず、信仰の古い体系をとどめている。なによりも軍神・狩猟神としても知られており、武将の崇敬を集めた。そして諏訪神の姿を大蛇または龍とする信仰は古くからあり、諏訪湖の「御神渡り」の現象が諏訪神が上社から下社に渡るものとされており、また、気象上の重要資料ともされている。

ご神体の巨石に諏訪神が降臨したとして大社のなかで第一の霊石とされ、その表面が窪んで常に水をたたえている。まさに聖水でもある。

[写真7-12] 諏訪大社下社秋宮の幣拝殿と龍
(写真提供；諏訪大社下社)

［写真7-13］諏訪大社上宮幣拝殿の阿吽の龍
（写真提供：諏訪大社上宮）

七年ごとの御柱祭がこの大社の主要行事となり八ヶ連峰の御小屋岳（標高二一三六メートル）から樅の大木を切り出し約二〇キロ曳き、その内容といえばある時は崖を駆け下り、川を渡って本宮までもたらされるもので、怪我人はもとより時に死人まで出す祭りである（矢崎　一九八七）。

木製の龍の彫刻は諏訪大社下社秋宮の幣拝殿（楼門形式）にあり、重要文化財である。全体の幣拝殿そのものの雄大さは息を呑むほどである。屋根が丸くなっている所に鳳凰も彫刻されている。この幣拝殿の上棟は安永十年（一七八一）のことで、彫刻は立川流の立川和四郎によるものである（写真7ー12）。

なお、龍は重要文化財の諏訪大社上社本宮の幣拝殿にもいて、作者は立川和四郎富昌で天保九年（一八三八）の作。三爪の阿吽の龍で吽形の右爪で玉を握っている。（写真7ー13）

⑿戸隠神社（長野市）

戸隠神社は長野県北方の戸隠連峰の東南麓に鎮座しており、現在は奥社（祭神：天手力雄命）・中社（祭神：天八意志兼命）・宝光社（祭神：表春命）の隠れ戸隠三社、それに九頭龍社（祭神：九頭龍大神）など五社からなる。嘉祥二年（八四九）に学問行者が開山し、全国屈指の修験の霊場となった。

戦国時代には騒乱に巻き込まれ、弘治三年（一五五七）には戸隠街道近くの葛山城を武田軍が落としたため、衆徒は越後に逃れたという。やがて北信濃の大部分が武田氏の支配下に治まり、衆徒は帰山した。文祿三年（一五九四）上杉景勝（一五五五―一六二三）が戸隠を再建、徳川家康から一〇〇〇石を与えられ、近世を通じて幕府の保護下に置かれた。

なお、戸隠山は修験と関係が深く開山の学問僧も修験道の行者であった。天台宗の僧で妻帯しなかった。

明治維新後は奥社を引き払ってのち再建、中社、宝光社、九頭龍社、火之御子社の体制となった。当然のように廃仏毀釈にあい、全員が還俗し、神官に早変わりして妻帯した。戸隠神社には江戸時代から続く戸隠講があって、現在も維持している（小針　一九八七）。

この戸隠神社には龍がとても多く、丸柱の根元に八方睨みの龍頭部が置かれていたり、三爪の阿吽の龍や鳳凰三羽の真下に阿吽の龍の木彫があり、いずれも三爪で、文久元年（一八六一）

［写真7-14］戸隠神社鳳凰の真下の阿吽の龍

［写真7-15］戸隠神社社殿の天井画の龍

（写真提供：上下ともに戸隠神社）

北村喜代松の製作である。

なお、社殿の天井画として河鍋暁斎（一八三一―一八九）の躍動的な三爪の龍が描かれている。ここでは鳳凰の真下の阿吽の龍と社殿の天井画を提示することにする（写真7―14・15）。

⒀ 白山比咩神社《しらやまひめじんじゃ》（石川県白山市）

加賀・越前・美濃との国境に聳《そび》え、四季を分かたず白雪に覆われているのが白山である。山中に源を発する手取川流域は石川県最大の穀倉地帯となり、手取川が山間を抜けて平野にならんとする地点に白山比咩神社は立地する。麓の農民にとってこの白山は祖霊（死者）の宿る聖域であり、かつ農耕に不可欠な水を司る神の山でもあった。また、海上における「山当て」の指標となり航海と漁労の神でもある。

白山権現は加賀国に垂迹し、まさに神仏習合の本地垂迹説を伝える。白山本宮は加賀の一の宮である。天長九年（八三二）になって山麓に五カ所の遥拝所ができ、多くの道俗の人々が白山に参詣した。

『文徳実録』に初めて登場し仁寿三年（八五三）の条で、加賀国白山比咩神社が従三位に昇叙し、同書の貞観元年（八五九）の条では正三位になった。また、平安末期の安元二～三年（一一七六―七）、目代藤原師経による能美群桶泉寺の焼き討ちに端を発した白山衆徒らの強訴事件のとき、国衙《こくが》を襲撃し佐禅宮の御輿を奉じて京都に上り、比叡山の衆徒らとともに国司藤原師高・目代師経の断罪を求めたという事件が起こった。

やがて加賀国のあちこちに白山の神免田ができ、中でも石川平野に集中した。石川郡の地頭大桑玄猶が観応三年（一三五二）四月の祭礼で御供米を未納し、本宮の神人たちが神鉾を捧げて居館を包囲、地頭の武士たちが神人を殺傷した。怒った本宮の大衆たちは御輿を擁して大挙して石川郡の所々を焼き払ったり、御輿を振り捨てて引き上げた。困った大桑玄猶はやがて詫びを入れて併せて田地を御供米として寄進することで決着した。

文明三年（一四七一）本願寺の蓮如が加賀・越前の国境に坊舎を建て、布教活動を開始した。北陸の山野は蓮如に帰依した武士や民衆の念仏の声に満ち溢れ、急速に拡大していった。長享二年（一四八八）守護富樫政親（一四五五？—一八八）は浄土真宗門徒の一揆によって滅ぼされた。以後、加賀国は約一〇〇年信徒持ちの国となり、本願寺の直接支配を受けた。

［写真7-16］白山比咩神社の青銅製手水舎の龍
（写真提供：白山比咩神社）

天正八年（一五八〇）石山合戦によって本願寺が織田信長に敗北すると、加賀国の一向一揆体制も崩壊した（東四柳 一九八五）。天文十二年（一五八四）には白山が噴火活動を活発化させ、大噴火によって白山本宮まで煙で充満したが、やがておさまった。

慶長元年（一五九六）、前田利家（一五三八—

九九）家臣北村宗甫の本宮造営がなり、前田氏祈願所となった。寛文六年（一六六六）五代藩主綱紀（一六四三―一七二四）は白山長吏職料として一〇〇石を寄進した（東四柳　一九八五）。

明治になると白山本宮の本地堂の仏像・仏具が取り払われ、山頂の仏類も麓に下ろされ、大部分が林西寺に預けられた。なかには重要文化財級のものもある。白山本宮は白山比咩神社となった。なお、龍関連では手水舎の青銅製の三爪の龍の写真が寄せられている。吽形でその口から清水を吹く（**写真7―16**）。

⒁ 北野天満宮（京都市）

大宰府に左遷された菅原道真（八四五―九〇三）を主祭神とする神社で、道真左遷後の京では種々の不幸が重なり人々はその怨霊におののいた。醍醐天皇（在位八九七―九三〇）は皇子保明親王を延喜二十三年（九二三）二一歳でなくし、同天皇の皇太孫の慶頼《よしより》王が五歳で死亡した。人々も恐れ、その翌年公家たちが議していた清涼殿に落雷、大納言藤原清貫と右中弁平希世《たいらのまれよ》が焼死、これも道真の怨霊と恐れられ、醍醐天皇も病の床に伏した。

『北野縁起』によると道真の託宣によって神社が建ち、これを天暦元年（九四七）に北野に移したという。天徳三年（九五九）右大臣藤原師輔が神殿を整え、寛弘元年（一〇〇四）には当社の基礎が固まっていった。また、室町幕府第三代将軍義満（在位一三六八―九四）の帰依をうけてから経済的に安定した。室町幕府は北野の麹座の独占権を認め、やがて諸役を免除した（下坂　一九八六)。

学問・詩歌の神として信仰を集め、中世の連歌会は北野天満宮で行われ、やがて連歌堂も建立された。

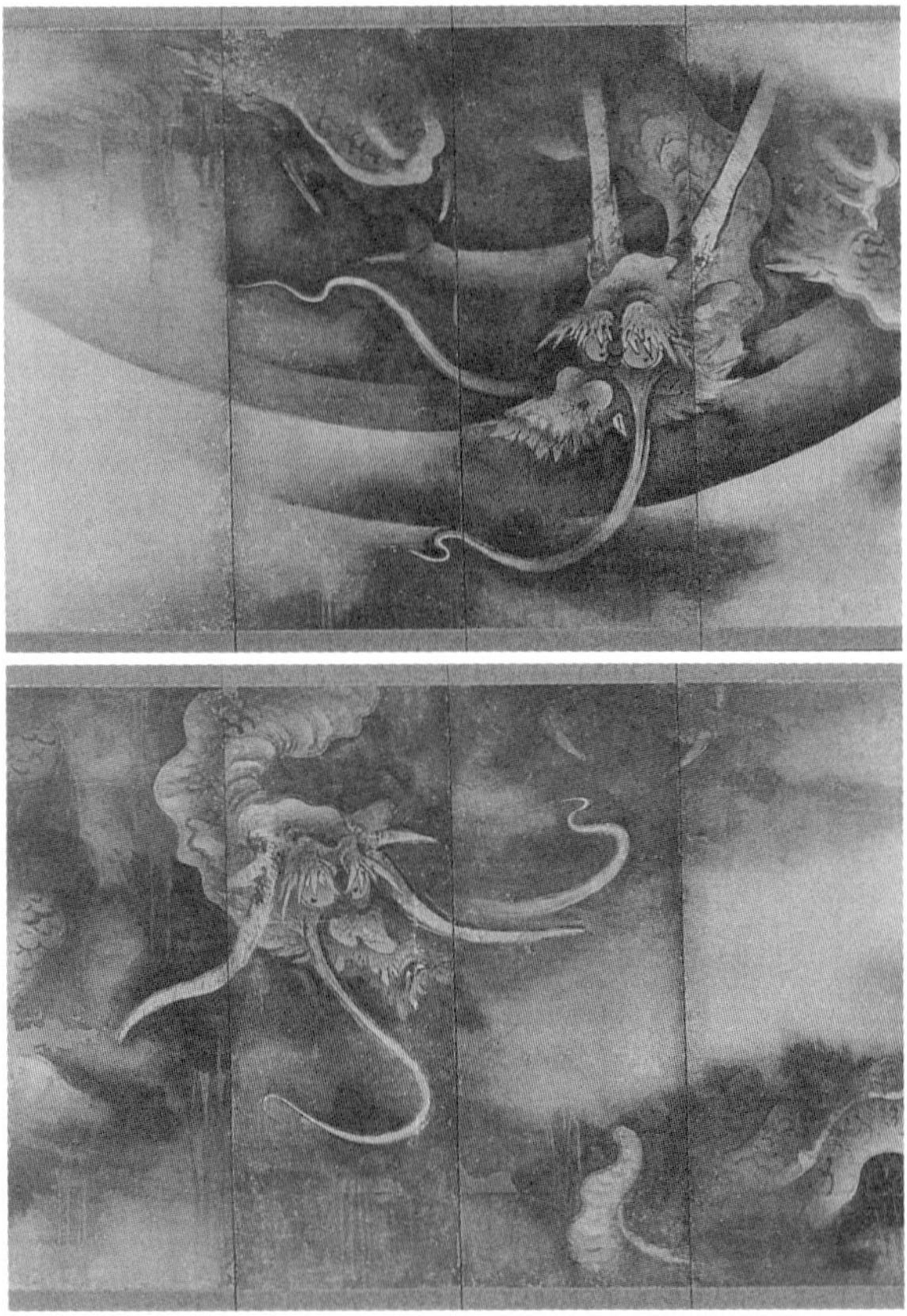

[写真7-17] 北野天満宮の雲龍の屏風
(海北友松筆:重要文化財　写真提供:北野天満宮)

北野天満宮からは海北友松《かいほうゆうしょう》（一五三三―一六一五）筆の重要文化財の昇龍・降龍の屏風絵が寄せられ、その説明文は次のとおりである。

「当宮所蔵に海北友松筆の雲龍の圖の屏風（重文）がある。明治十九年十月二十五日に信親社奉納とあるが、昇龍降龍の一双の墨絵は……正に雲を呼び、雨を降らすの感がある。かつて友松は朝鮮国に航し、宋人の梁揩に意を学び……安土・桃山時代の絵師にして名は紹益、近江堅田の人、始め狩野永徳を師とした。父綱親は浅井長政（一五四五―七三）の重臣……明智光秀の武将、斉藤利三とも親交があった。……絵には宸筆の賛があるといわれ、慶長二十年六月二日に八三歳で歿した。友雪・友竹とも画家としての跡を継ぎ、友雪の「七夕の圖」友松の「神仙の圖」は当宮の絵画所に揚げられている」

なお、雲龍図屏風は各縦一四九・四×横三三七・五センチで六曲一双である（写真7―17）。

⒂ 八坂神社（京都市）

東山山麓の八坂郷に鎮座する。祭神は素戔嗚尊《すさのおのみこと》・櫛稲田姫命《くしいなだひめのみこと》などである。かねてより祇園社として有名である。平安京に大きな役割を発揮するようになり、中世以来、祇園社を本所とする商工業者が多くなり、菓子屋・柑類屋・絹屋・小袖屋・材木屋・練絹屋・袴腰座・綿本座・綿新座などがそうであった。

現在の本殿は承応三年（一六五四）徳川家綱（在位一六五一―八〇）によってで、五間四面の檜皮

［写真7-18］八坂神社の蟇股の龍（写真提供：八坂神社）

葺単層入母屋造で祇園造と呼ばれる。明応六年（一四九七）再建の楼門、正保三年（一六四六）の石鳥居（高さ九・六八メートル）は現存最大の石鳥居といわれる。江戸時代の朱印高は一四〇石であった。

明治維新の廃仏毀釈によって社号は八坂神社となり、全国津々浦々へ勧請された。何よりも京都の八坂神社には日本三大祭の一つに数えられる祇園祭があり、有名な祇園山鉾が練り歩く祭りとなった。『中右記』の大治二年（一一二七）六月二十四日の条には、「祇園御霊会、四方殿上人、馬長・童・巫女・種女・田楽各数百人・此外祇園所司僧随人数十人兵供奉舞十人・使乗唐鞍…金銀錦繍風流美麗不可記尽……」とあって、山鉾は室町時代に相当の数に上っていた（川崎　一九八六）。

なお、八坂神社の龍は本殿の軒下で参詣者を見守る青龍で、本殿そのものが徳川家綱によって承応三年（一六五四）に再建されて以降、火災の記録がないので、その時期の蟇股の装飾と思われ、阿形をなす（写真7―18）。

⒃ 春日大社（奈良市）

御蓋山は笠山でその南面に春日大社が鎮座する。祭神は第一殿は武甕槌命《たけみかづちのみこと》、第二殿は経津主《ふつぬしの》命《みこと》を中心にその他の神も鎮座している。天平宝字四年（七六〇）に藤原氏が香取・鹿島の神を春日の地へ遷してから藤原氏の氏神となった。また、春日山は特別天然記念物としても有名で、特に椥《なぎ》の純林がみえるという。

文暦元年（一二三四）の『古社記』によれば、この年の正月九日、武甕槌命が常陸の鹿島神宮より白鹿に駕し、柿の木を御杖として出発、やがて、十一月十日に三笠山へ遷座した。同時に経津主命が下総の香取より遷座し、その他の神も遷座した。今の地に社殿を造営して祀った。はじめ本殿は二十年ごとに造営されていた。現在の社殿も平安時代の形式をよく残している。鎌倉時代ごろの社殿の様子については、延慶二年（一三〇九）の『春日権現験記絵巻』で知ることができる。永徳二年（一三八二）に春日社が炎上したが、ご神体や神宝類は無事であった。式年遷宮は室町時代にも幕府によって二十年ごとになされ、文久三年（一八六三）まで続き、現在の社殿はそのままである（土井　一九八五）。

明治四年（一八七一）に官幣大社となり、昭和二十一年（一九四六）に春日大社となった。廃仏毀釈の折、福昌寺の僧が春日神社に逃げ込んだという（奈良文化財研究所　二〇〇二）。おそらくその際にこの太鼓を持ち込んだものであろう。この鼉《だ》太鼓とは太鼓の周りに火焔があって、その

[写真7-19]
双鳳凰と双龍の
鼉太鼓（重要文化財）

[写真7-20]
双龍の拡大写真
（写真提供：上下とも
春日大社）

火焔が太鼓の左右上にくるあたりに、一つは向かい合うように一対の鳳凰が、もう一つは同じく向かい合うように一対の龍が鋳込まれたものである。なお、春日大社からは次のような説明文が寄せられている。

「野外の舞楽演奏に用いる太鼓で、左方、右方で一対とする。源頼朝寄進との伝承があり、高さ六・五メートル。大坂の天王寺所蔵に並ぶ巨大な鼉太鼓である。

桶造りの胴の両側に、牛革製の鼓面を取り付け、調べ緒で締める。鼓面中央には三つ巴文を描き、左方に赤、右方は青色の輪をめぐらす。火焔宝珠をかたどった厚板で胴を飾るが、陰陽思想に基づき、左方は龍を、右方は鳳凰を彫刻し、上部にはそれぞれ日形と月形を飾る。

これらは長年の風雨により彩色が消滅しているが、本来は金銀、極彩色であったと考える。」

時期は鎌倉時代の一二世紀から一三世紀のものである。重要文化財に指定されている。なお、四爪の双龍の拡大図では両方とも瑞雲を吹き出している（写真7―19・20）。

⒄ 熊野本宮大社（和歌山県田辺市）

本宮の祭神は家津美御子大神《けつみみこのおおかみ》で、平安時代に入ると神仏習合の影響で阿弥陀如来となった。三山（当社・熊野速玉神社・熊野那智大社）は修験の修行でも、また天皇や公家の熊野詣での面でも密接に関連していた。特に末法思想が広まり、熊野が阿弥陀如来の浄土であるという考え方が院政時代から鎌倉時代初期に広まり、天皇や公家による熊野詣が始まっていく。宇多上皇（在位八八七―九七）は一度、花山天皇（在位九八四―八六）は一度、白河上皇（在位一〇八六―一一二九）は一二度、鳥羽上皇（在位一一二九―五六）は二一度、崇徳天皇（在位一一二三―四一）は一度、後白河上皇（在位一一五八―九二）は三三度、後鳥羽上皇（在位一一九八―一二二一）は二九度、後嵯峨上皇（在位一二四六―七二）は二度、最後に亀山上皇（在位一二七四―八七）は一度であった。

概して京都から中辺路を通ることが多く、それは紀伊路にでて田辺から左折して山道に入り、近露を経て本宮に至り、さらに小雲取山・大雲取山を越えて那智山を経、海岸の浜宮王子社に至る道をいう。近宮で大辺路（海岸に沿って新宮に至る）と出合って新宮に至る。しかし、天皇や法王・上皇の熊野御幸の場合は中辺路を進み本宮に達して、熊野川を神船で下り新宮に至り、浜王子から那智川に沿って那智山に参詣した。

さて、熊野本宮大社はもと「大斎原」という中洲にあり、明治二十二年（一八八九）八月の大洪水によって、一二権現のうち四社を除いて流失、同二十四年現在地に移して新社地とした。一遍上人の『一遍聖絵』には正安元年（一二九九）の大斎原での社殿の様子が描かれている（三河　一九八六）。

豊臣秀頼の命により本宮社殿の造営が藤堂高虎の奉行で執り行われ、秀吉の死後に竣工した。神額に『秀頼卿御再興』とある。なお、龍の爪は三爪である。

［写真7-21］熊野本宮大社の秀頼公奉納神額（和歌山県重要文化財。右に昇龍、左に降龍がある。写真提供：熊野本宮大社）

今は豊臣秀頼（一五九三―一六一五）寄進の神額が残る。この神額は右に昇龍、左に降龍があり、その左脇に豊臣秀頼と記されている（写真7―21）。

⑱熊野那智大社（和歌山県那智勝浦町）

大社は那智の大滝を信仰の対象とするところから発生した。高さが一一三メートル、滝壺の深さ一〇メートルで、水量は毎秒一トンといわれる。この大滝は那智の奥の院ともいわれた。

大社は現在、那智山の中腹の標高五〇〇メートルのところに鎮座する。表参道の石段を登って右手は青岸渡寺、左手の大鳥居をくぐると大社の境内に入る。拝殿の奥に本殿五棟が建ち、滝宮と呼ばれる第一の祭神は大己貴神、以下第六殿まである。

［写真7-22］熊野那智大社手水舎の双龍
（写真提供：熊野那智大社）

『三大実録』の貞観元年（八五九）正月の条に従五位上に昇叙し、さらに永保三年（一〇八三）には熊野の三山の存在が明確となった。中世には建仁元年（一二〇一）十月の条に、那智山を参拝し、『後鳥羽院熊野御幸』を記し、院政期の熊野信仰と熊野詣での隆盛は、源平合戦で熊野の勢力を利用しようと様々の出来事があり、最終的には熊野水軍は源義経（一一五九―八九）に味方した。しかし、承久の乱（承久三年〈一二二一〉）によって天皇や公家は勢力を失い、熊野三山はやや困難な時期もあった。

　その後修験道の発達にともなって、熊野信仰は再び盛んとなった。そのなかで御師たちは全国に旦那網を張り巡らせ社勢を支えた。貞応二年（一二三三）一月に那智一山が焼失しているが、その復興にはこうした組織と御師の活躍があった。正安元年（一二九九）成立の『一遍聖絵』にみえる那智社壇の図はこの時代の社殿の配置を伝えている。文明十年（一四七八）には京都・大坂を中心とする幾内の課役による棟別銭で那智山の造営が成就した。

近世になると、寛政十年（一七九八）に那智山を訪れた坂本天山（一七四五―一八〇三）は紀行文のなかで、

「……地神五代ヲ別殿ニ祀リ、宮観モ荘厳ナリ。拝殿ワキニテ香炉ニ四時火フ消サザル由、社人僧多ク、拝殿ニ夜服ヲ運ビテ通夜シ、珍シキ所ニテ越年シタリ、（中略）元旦ニハ宿房ニテ念入タル馳走ヲ出シ、夜中不寝ユヘ少シ休ム……」（安藤・五来　一九八三）。

大正十年（一九二一）官幣中社となり、昭和三十八年（一九六三）になって熊野那智大社となる（二河　一九八六）。なお、熊野那智大社の龍は手水舎に設置されている二基の龍でいずれも三爪である（写真7―22）。

⒆ 西宮神社（兵庫県西宮市）

西宮神社はエビス様の総本山である。漁師の神ともいい商売繁昌の神として絶大な信仰を得ている。主祭神は西宮大神（蛭子命《ひるこのみこと》）でその他に天照大神・大国主大神などである。伝承として漁師の網に二度も蛭子神が掛かり、ある夜の信託によって村人と相談して現在地にお堂を建

てたのが始まりとされる。どこか浅草観音さんに似た話で、漁民の信仰の一つに当たる。

西宮近辺から神戸市にかけては海との関わりの深い神社やエビス神が祀られ、西宮神社も同じ傾向にある。正応二年（一二八九）八月二十二日に輪田埼渡御の日、西宮神社が広田社から独立していった。それは戎《えびす》社としての繁栄がそうさせたものと考えられている。

独立してから承応二年（一六五三）に表門・大棟塀（重要文化財）を残して全焼したが、寛文三

［写真7-23］西宮神社の灯籠の龍（上、手前が阿形、奥が吽形）とその拡大写真（下）
（写真提供：上下とも西宮神社）

年（一六六三）には再建された。将来の維持費として「戎像御札」の販売を許可され、参拝者も年々増えていったという。特に、東海道・関東・磐城・岩代・羽前・信濃・佐渡で多く戎像神札が発行された。これによって西宮神社の名を全国に広げた（落合　一九八四）。

この西宮神社は、割合に龍製品の多い神社で、そのうち青銅製の灯籠をあげておく。重要文化財の大棟塀の外側に置かれた二基の灯籠で、その塔身に瑞雲とともに阿吽の三爪の龍を鋳出したもので、なかなか見応えがある。写真の奥の灯籠が阿形で手前の灯籠が吽形である。この灯籠は京大仏の住人井筒屋武兵衛の協力により鋳物工田中伊賀守為秀に請負を依頼し完成したもので、次のような刻字がある（写真7―23）。

寄進主　西宮酒造家代表
大行事　辰屋吉左衛門
当所雑　○屋久左衛門
　　嘉永七年

⒇ 吉備津神社（岡山市）

岡山市と倉敷市のなかほど旧備前と備中の境に「吉備の中山」という独立した山がある。その山の麓に吉備津造といわれる大社が鎮座する。御祭神は大《おお》吉《き》備《び》津《つ》彦大神《ひこのおおかみ》とその他の八柱で、三備一の宮で、旧国幣中社であった。承平・天慶の乱（九三八―四一）のとき、乱の平定に神威

祈雨祭の時の龍（写真提供：吉備津神社）

があったとして最高の神階に昇叙した。

この吉備津神社が有名なのは本邦建築の白眉といわれる「吉備津造」の壮大な本殿にあるという。朝廷は当時東大寺再建の大事業を行っていて、その最高責任者であった俊乗房《しゅんじょうぼう》重源《ちょうげん》（一一二一―一二〇六）に造営料として吉備国を与えていたという。特徴あるこの寺院も南北の乱のなか、観応二年（一三五二）十一月の夜に焼失してしまった。室町幕府の足利義満は北朝の後光厳天皇の意を受け、再興の工事を始め、応栄八年（一四〇二）に本殿が出来上がった。御神体を移したところが現在の本殿（国宝）である。

本殿は正面七間、側面八間、奥に入るごとに一段ずつ高くなっている構造である。門前町の宮内は山陽道屈指の花街として栄えた。武将では細川幽斎（一五三四―一六一〇）、木下勝俊（一五六九―一六四九）、俳人では岡西惟中（一六三九―一七一一）・西華坊支考（一六六五―一七三一）や向井去来（一六五一―一七〇四）らが参拝している。また大祭（春三月・秋九月）の前後二週間は門前で歌舞伎・人形芝居・相撲・軽業などが営まれ、

［写真7-24］吉備津神社の

備中一円はもとより多くの人が集まった。江戸や上方の千両役者（中村歌右衛門・嵐三右衛門・尾上菊五郎・沢村源之助・片岡仁左衛門・尾上梅幸）など当代一流の役者が見えた（藤井　一九八四）。

なお、龍は三爪で江戸初期の左甚五郎作といい、旱魃のとき、当社の祈雨祭を行う昇龍山龍王社にこれを運び水を注いで祈禱すると降雨の霊験があると伝わる（写真7―24）。

㉑ 厳島神社（広島県廿日市市）

宮島は山の形によって古来より沿岸住民から「神の島」として崇敬を集め、全島が信仰の対象とされてきた。神官さえ遥拝所のある対岸に居を構えるという約束下にあったという。葬送や出産、農耕も禁じられ、今もこの風習は守られている。

さらに瀬戸内を航行する船人たちの信仰をも集め、島の最高峰弥山（標高五三五メートル）は花崗岩でできており、ほとんどが原生林である。厳島神社はこの真下の三笠浜とを占地し、祭神は市杵島姫命《いちきしまひめのみこと》・田心姫命《たごりひめのみこと》などである。

主神を祀る本殿は玉御池といい、その正面に火焼前から真っ直ぐ幣殿・拝殿・祓殿・高舞

［写真7-25］厳島神社末社の豊国神社の龍（写真提供：厳島神社）

殿・平舞殿と進み、本殿から二〇〇メートル離れた海中に赤い大鳥居が建つ。旧国幣大社で、平成八年（一九九六）世界遺産に登録された。

『三代実録』によれば、貞観元年（八五九）正月の条に「伊都岐島神」が正四位下、同九年には従四位上に昇り、「延喜式」神名帳でも安芸群三座で、伊都岐島神は名神大社に列している。この宮島でもっとも古い行事が毎年正月の「神衣献上式」で、零時をもって祭神の装束を新しい神衣に取り替える儀式である。

平清盛（一一一八―八一）の厚い信仰によって始まる。特に安芸守在中に瀬戸内の重要性に気づき海上守護神として位置づけ、清盛の在任中に結びつきを深めていったが、神主は在庁官人の佐伯氏であった。やがて清盛は播磨守から太宰大弐へと昇進、保元・平治の乱（一一五六・五九）の戦いを有利に導き、平家の繁栄を得ることとなった。その栄達を清盛は「厳島明神」の加護によるものと称し、平家一門の守護神として仰いだ。清盛の信仰が社殿の造営や納経となり、神社の寄進をますます強めていった。

平家の滅亡とともに昔日の盛況を失ったが、源頼朝（一一四七―九九）は敬神の念が深く厳島神社やその他の神社に対しても寺社同様に敬意をはらった。死後の承元元年（一二〇七）厳島神社が炎上、鎌倉幕府は再建のために安芸国の年貢を造社に当て、財政的援助も怠らなかった。しかし、承久の乱（一二二一）後は神主が藤原頼実と入れ替わった。さらなる変化は鎌倉時代末期から厳島に僧侶が住み、修験の道場として山岳寺院が建立された。ついに厳島神社は神仏混交の霊域となった。その結果、五重塔が建ち、のち豊臣秀吉によって千畳閣が残された。やがて大内氏も社領安堵するなどの結びつきが促進された。その後、毛利元就（一四九七―一五七一）は元亀二年（一五七一）に本殿の大修理を行い、今は重要文化財に指定されている（田淵　一九八四）。

なお、厳島神社の龍は唯一末社の豊国神社（千畳閣）社殿上部の紅梁蟇股の彫刻として残っており、左爪で玉を握っており三爪である。残念ながらこの龍の縁起や神意は不明である（**写真7―25**）。

㉒ 筥崎宮（福岡市）

福岡市東区に立地し、博多港に向かって一直線に参道が伸びていて、本社から海岸をみるとその視線は真っ直ぐに志賀島（金印の出土地）の先端を望む。現在の祭神は右殿が応神天皇、中殿は神功皇后、左殿が玉依姫神となっている。

『福岡県の歴史』によると博多大津の要所の地筥埼の地に、信仰と貿易の一石二鳥を狙って建立されたものとされ、ちなみに筥崎宮は文治元年（一一八五）には石清水八幡宮の別院になっていたという。中世には箱崎が大陸貿易の根拠地として国際都市を形成したことは、明の『武備志日本考』や李朝の『海東諸国記』などの史料からもうかがい知ることができる。隣接の祇園町遺跡では中国製陶磁器類が大量に出土したことは忘れてはならない。

本殿・拝殿・楼門は天文十五年（一五四六）の再建で、本殿は九間社流造で檜皮葺の下に板葺の屋根があり、二重の屋根を構成している。これらの建物類と観応元年（一三五〇）の石灯籠と石造明神鳥居は重要文化財である。境内に唐船の模型が展示され、『筥崎八幡宮縁起』等がある（折居　一九八四）。

龍関連のものとしては雲龍図の掛軸があるという。時期は近代で爪の数など不明である。

(23) 太宰府天満宮（福岡県太宰府市）

右大臣藤原時平（八七一—九〇九）の讒言により、大宰府権師として左遷された菅原道真が配所大宰府の南館で薨《こう》じたのは、延喜三年（九〇三）三月二十五日のこと、埋葬した所に太宰府天満宮が建ちそれが天満宮本殿である。

太宰府天満宮はこのように菅原道真の墓所を歴史の出発点としたが、京都では次々と不幸な出来事が起こった。藤原時平が三九歳で死亡、皇太子保明親王が二一歳の若さで薨じた。慌てた朝廷は道真の怨霊のなせる業とみなし、道真の左遷の詔を破棄、左大臣に復し年号を延長と改め、大赦の令を発した。しかし、延長三年（九二五）には天然痘が流行し、同八年には日照りが続き、公家が集まって会議をしていた清涼殿に落雷があり公家数人が死亡した。醍醐天皇も寝込むようになりわずか四六歳で崩御した。そこで天暦元年（九四七）に北野天満宮が現在の地に創建された。その後、摂関家の厚い庇護を受けた。

さて、大宰府では天暦元年（九四七）道真の孫が大宰府に下向、安楽寺が菅原氏の氏寺となっていく。以降、大宰府に下向した役人によって寄進を受け、堂塔が建ったりして安楽寺は隆盛期を迎えた。天元四年（九八一）には道真の曾孫輔正（九二五―一〇〇九）が大宰府大弐として赴任し、ますます隆盛にむかった。

さらに菅原道真は死後一世紀経たずに神に昇華し、「天満大自在天神」と仰がれるようになり、北野天満宮も大宰府も神仏習合の神社として繁栄し、やがて文神へとその性格を変えていった。大江匡房（一〇四一―一一一一）は大宰府権師として赴任し、安楽寺の聖廟にしばしば参詣し、多くの著作のなかに道真をたたえたものが多いと聞く。

豊臣秀吉の九州攻めの後、現在の本殿は天正十九年（一五九一）に小早川隆景（一五三三―九七）によって再建され、五間社流造《ごけんしゃながれづくり》軒唐《のきから》破風《はふ》を設けた桃山時代様式の豪放華麗な建物である。この本殿は重要文化財である（森　一九八四）。

その後、黒田長政（一五六八―一六二三）やその父如水（孝高《よしたか》：一五四六―一六〇四）は中門・回廊の再建のため銀一貫七〇〇目と米二二二石を寄贈し、以来、黒田家との関係が深まっていった。

明治初年の神仏分離によって薬師如来と十一面観音像は光明寺に移され、安楽寺は廃された。

大鳥居氏は西高辻氏と改め天満宮の宮司となった（有馬　二〇〇四）。

なお、太宰府天満宮の龍は木製の雨乞いの龍で、雨乞いの儀式に用いられ龍をかついで山に上る。これを「龍上げ」という。龍頭は寛延四年（一七五一）の銘がある。ただし、作者は不明。

㉔阿蘇神社（熊本県阿蘇市）

阿蘇神社の境内は約一万坪、主祭神は健磐龍命《たけいわたつのみこと》とその妃阿蘇比咩命でその他阿蘇一二神からなる。「延喜式」の肥後国式内社の阿蘇郡に三座を占め、すべて古代の阿蘇氏が奉祀する神社であった。

阿蘇谷の開発が始まったのは最新の発掘調査で弥生時代中期からで、その開発の先頭に立ったのが阿蘇氏であったらしい。阿蘇神社の近辺は前方後円墳をはじめ、いくつかの古墳が集中する地域でもある。

やがて阿蘇君《あそのきみ》と朝廷との結びつきも明確となり、舎人を出し、そして阿蘇神社の権大宮司の地位を得るようになる。九州にはよく狩りの神事が行われてきたが、阿蘇神社も天正九年（一五八一）まで実施され、阿蘇の鷹山と下野の馬場において猪や鹿を射て、神前に供えたという。

阿蘇の大宮司家は平安末ころ南部を本拠とし、未開の地を開発し私領を増やした。源平の争乱にも加わっている。しかし元弘の変（一三三一―三三）のときは菊池氏とともに後醍醐天皇（在位一三一八―三九）に協力し、阿蘇大宮司家はその御賞として阿蘇郡本社領一円の支配権を認め

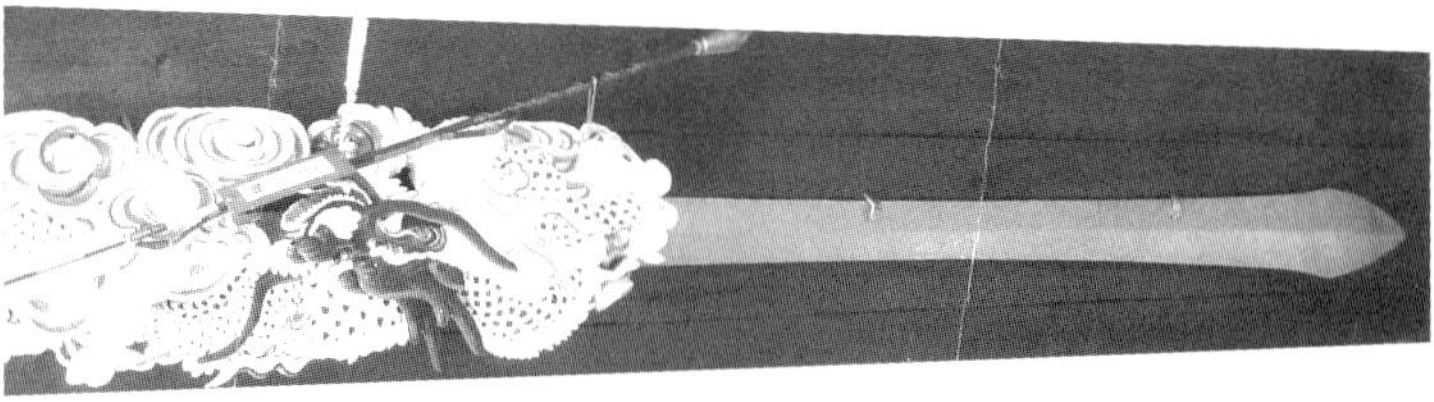

［写真7-26（左）・27（上）］
楼間の魔除けの龍（金玉を握る）（上）と社殿正面軒下の龍（左）
（写真提供：阿蘇神社）

られることとなった。さらに阿蘇郡はじめ益城郡に及ぶ領土権を獲得し、中世後期には肥後国の有力国人にもなった。文明四年（一四七二）には阿蘇神社一二宮と阿蘇山上本堂造営のために肥後国一円に棟別銭（一棟につき三文）が賦課されている。

戦国時代末期、島津氏の肥後国進出により阿蘇氏の政治力は衰退、続く豊臣秀吉の九州出兵で今までの地位は否定され、阿蘇の祭祀が衰退していった。加えて秀吉は梅北一揆（島津義久の家臣梅北国兼の乱・一五九二）の責任を大宮司惟光の罪として自殺させた。これにより阿蘇氏の勢力が完全に削がれていった。加藤清正（一五六二—一六一一）は肥後国を与えられ、慶長六年（一六〇一）に惟光の弟惟善に三四五石を与えて阿蘇神社の地位を認めた。これにより阿蘇神社の祭祀が復活した。細川藩も前代の方針を継承し阿蘇神社の祭祀興行を保証し、神主三五八石など総計九八九石の知行を与えた。のち官幣中社となった（松本　一九八五）。

阿蘇神社の龍は二カ所あり、一つは社殿正面軒下にあって、製作者は大工棟梁水民元吉（一八一四―八七）で、嘉永二年（一八四九）藩の御大工に召し抱えられ社殿造営をした。天保六―十一年（一八三五―四〇）ころの作と思われる（写真7―26）。もう一つは嘉永三年落成の楼門の「魔除けの龍」で、弘化三年（一八四六）に南阿蘇の高森手水より奉納され、今に伝わるという。落成時期と少しの齟齬があるが、落成の際に取り付けられたと考えれば問題はないように思う。この「魔除けの龍」は瑞雲とともにあり、魔除けそのものはおそらく鈴つきの矢であると思われる。剣に絡む龍は、仏を守護する八部衆の一つの倶利迦羅龍王とも解釈できる。拡大してみると三爪である（写真7―27）。

若干のまとめ

ここまでは全国主要神社の歴史とともに龍の形態と爪数について述べてきた。各神社の龍それぞれに特徴があって面白いと感じた方もいるかもしれない。

なお、本稿では神社のお清め場に青銅製の龍がいて口から清水が出ていた例を紹介した。参拝する方はそこで身を清めてお参りするのが通例である。これらを龍清水と称したが、その発祥の地は南九州である。南九州では石製の龍清水があり、その形態は様々である。

さて、本稿をまとめるにあたり各神社の龍を一覧表にしておきたい（表7―1）。なかには作成年代が不明なものもある。一部の掛け軸と雨乞いの龍や春日神社の「鼉太鼓」を除くその他の龍はすべて三爪の龍であった。この三爪の龍は寺院の龍にも共通するもので、さらには南九州の龍にも通じるものであった。

さて、龍はもともと中国で発達したもので、古代には爪の数もまちまちであった。宋代末期の哲宗皇帝の元符年間（一〇九八―一一〇〇）のこと、人民に龍の紋様を用いてはならぬという禁令が出された。元代（一二七一―一三六八）となるとやや厳格となり民間の衣類に龍紋を付けることを厳禁し、明代（一三六八―一六四四）となってからさらに龍紋の様が狭くなっていった。ただ、万暦帝から豊臣秀吉を日本国土とするという詔勅の巻物の表装が五爪の龍であったという（宮崎　一九九三）。

このような龍を巡る歴史のなかで、明代になると、明確に皇帝が二角五爪となり、次の清代にも受け継がれた。五爪の衣類を着用した一般人が処刑されたのも明代のことであった。

さらに官窯で皇帝用の五爪の製品とともに、一般への販売を目的として三爪の陶器を作り、わが国にも輸入されるようになった。また、冊封体制のもと中国の皇帝と深い関係にあった琉球王も、原則として五爪の正装を着用していた。江戸時代を通じて薩摩の支配をも受けていた琉球王から、なぜか龍の正装が薩摩藩には伝わらなかった。

ただし、琉球王のお妃である聞得大君《きこえのおおきみ》から奄美のノロに五爪の胴衣が下賜されていた。聞得

［表7－1］全国主要神社の龍一覧

No.	神社名	龍の形態	年号と作者または寄進者	備考
1	岩木山神社	庇柱に阿吽の昇龍がある	元禄七年（一六九四）、越前右衛門浄心作	金色である
2	出羽三山神社 同：博物館蔵	旧弁扶堂庇柱の阿吽の昇龍・降龍 青銅製の灯籠竿	文和元年（一三五二）	開祖の蜂子王子を祀 国の重要文化財
3	塩竃神社	鉄製灯籠の龍	和泉三郎が寄進	藤原秀衡の三男
4	二荒山神社	蟇股の干支の龍	元和五年（一六一九）	十二支の辰
5	鹿島神宮	阿吽の龍の前半身のみ		本殿の次の建物入り口
6	香取神宮	蟇股の龍の彫刻	元禄十三年（一七〇〇）	
7	秩父神社	「つなぎの龍」という	伝：左甚五郎作	紐で両脇を結ぶ
8	三峯神社	手水舎の阿吽の龍の阿形	嘉永年間の作	とても龍の多い神社
9	箱根神社			芦ノ湖の龍神を祭る
10	三嶋大社	本殿切目縁腰組の飛龍	小沢半兵衛一派の作	火除けの龍
11	諏訪大社	下社秋宮の幣拝殿の龍 上社本宮幣拝殿の龍	安永十年（一七八一）、立川和四郎作 天保九年（一八三九）、立川和四郎富昌作	楼門の上段
12	戸隠神社	幻の天井画 鳳凰三羽の下の龍	河鍋暁斎の作 文明年間北村喜代松作	

13	白山比咩神社	手水舎の龍清水		
14	北野天満宮	屏風絵の阿吽の雲龍	海北友松作	国の重要文化財
15	八坂神社	蟇股の青龍の彫刻（阿形）	承応三年（一六五四）、再建以降火災なし	
16	春日大社	太鼓の双鳳凰と四爪の双龍	鎌倉時代（伝：頼朝寄進）	明治に興福寺寄進
17	熊野本宮大社	豊臣秀頼奉納額の龍	戦国時代末期	昇龍と降龍
18	熊野那智大社	手水舎の龍清水		阿・吽の二基設置
19	西宮神社	大灯籠の龍	嘉永七年田中伊賀守為秀	嘉永七年は安政元年（一八五四）
20	吉備津神社	雨乞いの龍	伝左甚五郎作	昇龍山龍王村で雨乞い
21	厳島神社	豊国神社紅梁蟇股の龍	戦国末期千畳閣社殿	厳島神社の末社
22	筥崎宮	雲龍図の掛軸	年代不明	爪数不明
23	太宰府天満宮	木製の雨乞いの龍	寛延四年（一七五一）	山に「龍上げ」
24	阿蘇神社	社殿正面の軒下 楼門の魔除けの龍	伝水民元吉（天保年間） 弘化三年（一八四六）、高森手水の奉納	大工棟梁 楼門完成は嘉永三年（一八五〇）

大君は奄美から先島諸島のノロの頂点にあり、首里王府から辞令書をもらっているノロを「御《ご》印加那志《いんがなし》」といって、奄美には二人いたという。ノロの持物は、頭飾り、背飾り（玉ベラという）、首飾り、神扇、鉦（サハリ）、刀、丸櫃、胴衣、下裳、表衣などで、胴衣の背面に五爪龍が刺繡により表現される（写真7－28）。さらに、背面の左右にも瑞雲と龍が刺繡され、袖にはコウモリと鳳凰が表現されている（下野 二〇〇八）。

また、本文で述べた龍のなかで筆者が特に注目するのは、出羽三山歴史博物館蔵の青銅製灯籠竿に陽刻された倶利伽羅龍王（不動：重要文化財）である。文和元年（一五三二）という北朝の年号を記され、剣に龍が絡むものである。この倶利伽羅龍王は、仏教の世界で八部衆に属し釈迦のいる須弥山を守護する役割を持つ。本文中でも述べたように薩摩川内市中村町にも南九州唯一の石製の倶利伽羅龍王がある。

さらにもう一つの問題が春日大社の「鼉太鼓」である。本文中にもその経過を少し記しているが、ここでもう少し付け加えておきたい。それは幕末からその機運が高まり、明治二年（一八六九）に決定的となった廃仏毀釈による寺院・仏具の廃止と僧職の停止という寺院にとって耐え難い命令である。興福寺の僧全員が危険から逃れるために春日大社に駆け込んだという歴史がある。その際、「鼉太鼓」を春日大社に運んだというのが真相であろう（奈良文化財研究所 二〇〇三）という。なお、「鼉太鼓」は伊勢神宮にもあって、「内宮苑の公開神楽祭」で用いられている。もちろん日輪（双龍）、月輪（双鳳凰）とも同じである。

[写真7-28] 大和村ノロ龍繍胴衣（鹿児島県指定文化財）
（胴衣の背の文様で玉を握る。写真提供：下野敏見）

さらにもう一つの問題点は阿蘇神社楼門の剣と弓を持つ白龍である。これは白龍はもともと西を守護する役目を持ち、剣と矢か魔除けの意味を持つとして分けて考えたほうがよさそうである。しかし、残念ながら阿蘇神社は東に向いているとのこと、西を守護する白龍とは齟齬をきたす。本来なら青龍が東を守護するものである。ただ、南九州でも左右反対の龍があることからその例に相当するかもしれない。

なお、南九州の石製の龍については別稿に述べたとおりである。龍清水もあれば、墓地に付属する龍清水もあり、修験僧の墓地に付属するものもある。

※　　　※

ここに「全国主要神社の龍について」をまとめるにあたって次の方々のお世話にな

った。明記して謝意を表したい。まず第一はご協力いただいた各神社の宮司様はじめ関係者、出羽三山歴史博物館学芸員の渡辺幸氏、鹿児島大学の大田由紀夫先生、薩摩川内市教育委員会の中島哲夫氏、元鹿児島民具学学会会長の下野敏見先生である。心から御礼申し上げる。

終　章――まとめとして

以上の諸論文でのまとめをふまえつつ、全体の「まとめ」をしたいと考える。まず検討するのが、元鹿児島民具学会の会長をされた下野敏見先生の発表である。それは二〇一五年のことで、「屋久島の宮之浦と永田集落に龍虎の絵のある寺院がある」という発表であった。その龍虎のある寺院は屋久島の基層文化の一つではという解釈をされていた。

南九州にはない龍虎の絵が屋久島にあるという発表に驚くとともに、もしかして、江戸時代を中心に展開された山岳信仰、すなわち修験の存在と結び付くとしたら、なんと素晴らしい発表であろうかという思いであった。

あまり時間をおかず、その屋久島の取材に出かけることにした。最初に町の教育委員会に電話して、「宮之浦に龍虎の絵があるお寺が今もあるか」と伺うと、「そのようなものはない」とのことであった。「それでは永田集落に呉文寺があるか」と問うと、「それはある」という。「屋久島まで行く必要がある」と気分がますます増してきたことを覚えている。

宮之浦に着いてすぐ軽自動車を手配し、永田まで出かけた。幾度か行ったことがあり、まったく知らない土地ではなかったので、割合早く呉文寺に到着し、大声で住職さんを呼ぶことになった。写真の撮影をお願いすると、「白い鳥はなぜ、ここの寺の内部に描かれているのだろう」と問われた。「それはたぶん、霊を〝黄泉の国〟に運ぶ鳥ではなかろうか」と答えた。

撮影に入ると正面に龍、右側の片隅に虎という、すばらしい龍虎であった。そこで、「ここよりも龍虎の図がすばらしい宮之浦の寺院はどうなっているのですか」と伺うと、「すでに廃止した」という。「それではあの龍虎の絵はどこにあるのでしょう」の問いには、「すべて不明である」との答えであった。

呉文寺の年代を伺うと、「二代目が早死にし、そのあとを私が継いで三代目となっている」ということであった。さすれば一〇〇年足らずの年代であることが判明し、密かに期待していた修験の絵画ではなく、西本願寺系の寺院であることが判明した。

ちなみに、入明してわが国に初めて龍虎の絵を持ち込んだのは、相国寺の画僧であった雪舟(一四二〇―一五〇六)であった。以後、多くの絵師たちが龍虎を描くようになったが、江戸時代になると虎そのものを見ることなく描かれることが多かったため、大きな猫に似た虎になっていった。それどころか豹を雌の虎とした絵画まである。

その後、最南端の式内社といわれる益救《やく》神社にお邪魔することになった。神社内に保管されている木製の狛犬の写真撮影を終了し、しばし宮司さんと話し込むことになった。私の方から「屋久島は修験の島で、それをうかがわせる何かありますか」と尋ねると、「東に青い龍・西に白い龍・真ん中に黄色の龍が居る。その真ん中といっても観念上のことである」とのことであった。

宮司さんからこの話をうかがって、それは面白い話を聞けたと喜びも一入であった。古代中国の五行思想について、かつて読んだ『日本の美術第510号―龍』（至文堂刊・二〇〇八）中で、五行思想に基づき東西南北を守護するのが龍であるということを確認したことがあった。東方の海に青龍・西方の海に白龍・南方の海に赤龍・北方の海に黒龍がいて、その真ん中に黄龍がいるという思想であった。

屋久島に残っているのは東西の龍と中心の黄色の龍であったが、間違いなく修験の僧による影響が残っていると考えた。この真ん中の黄龍こそ、まさに皇帝のことである。

わが国では黄龍は瑞兆とされ、八八七年即位の宇多天皇（在位八八七―九七）の御世に黄龍が出現したという逸話が残っているほどである。と前述の文献に記されていた。

さて、南九州の龍の多さは「龍柱」「彩色された龍」「木目のままの龍」「種々の龍」「石製の龍」で紹介したとおりである。それに「全国主要寺院の龍について」・「全国主要神社の龍について」など、各種の龍があって、本書の特徴をなすものである。

なお、「龍柱」はすべてが三爪であった。「彩色された龍」の中の天然色の龍には、少々薄い彩色の龍があるが、すべて三爪であるという特徴がある。しかも江戸時代またはそれ以前に建てられた南九州の特級・または一級の神社の場合、必ずといっていいほど「龍柱」があって、本殿の前に置かれている。明らかに本殿を守護するために設置されたもので、南九州特有のものであることを付け加えておきたい。一点だけ寺院に龍柱があるのも特徴の一つであろう。

「木目のままの龍」はすべてが三爪であった。さらに第四章の「南九州の種々の龍について」の中では四爪の龍を三例紹介した。うち一つは明らかに清のものであった。もう二例は国産である。第五章の「南九州の石製龍について」に関しては、鹿児島市内の「⑵菖蒲谷神社」の龍灯篭は二爪の龍で、本来ならこの世に存在しない龍で、偽物の龍ということになる。

第六章の「全国主要寺院の龍について」の爪はすべてが三爪である。第七章の「全国の主要神社の龍について」の龍のすべてが三爪で、寺院・神社ともども龍そのものの特徴をもつのであった。

ただ、第七章のまとめの項で取り上げた奄美のノロの胴衣は五爪で、琉球の尚氏の支配時代には奥方の聞得大君が全国のノロの頂点にあり、そこから寄贈されたもので、今は鹿児島県の有形民俗文化財に指定されている。

要するに、南九州の龍の中には二爪から五爪まで種々あり、とても複雑である。規範を守らない龍をも紹介せざるを得なかったということである。

……………………………………

そこで龍の爪数について、中国が五爪、朝鮮と琉球が四爪・日本が三爪であるという伝承がある。この伝承は時に当然のように語られることもあり、これを具体的に打ち砕きたいと考えている。

故宮崎市定先生によると、中国では昔から龍は人君の象徴とされ、天子の顔を龍顔と呼び、天子の車を龍駕、天子の着物を袞龍《こんりゅう》といったという（宮崎　一九六四）。中世の初めごろ皇帝の独裁が確立すると、皇帝が登り龍、臣下が降り龍を原則とする時期もあった。北宋末の元符年間（一〇九八―一一〇〇）のころになると、人民は勝手に龍の模様を用いてはならぬとされた。天子の龍は二角五爪と決められた。

中世の明（一三六八―一六四四）では独裁がさらに激しく、創始者の太祖（朱元璋：在位一三六八―九八）の世では、さらに二角五爪を厳しく統制し、人民は三爪という大原則を厳守するように通達を出した。明の万暦帝（在位一五七二―一六二〇）から豊臣秀吉（一五三七―九八）が貰い受けた、「日本国王に封ずる」という詔勅の巻物の表装の龍が五爪であったという。

清代（一六一六―一九一二）になると、創始者の太祖（ヌルハチ：在位一六一六―二六）もほとんど明の制度を引き継ぎ、はじめは郡王まで五爪を許していたが、やがて郡王は横向きの龍（行龍）を許し、皇帝は正面向きの五爪の正装を着るようになっていった。

いつからかその年代は不明であるが、中国では皇帝が五爪、寺院が四爪、一般が三爪となっていったことは前述のとおりである。

朝鮮半島の李氏朝鮮は中国の明代と清代を合わせたような、その年代は相当の長期政権（一三九二―一九一〇）で、思想的には儒教をもとにして支配し、その伝統は今日も韓国の基層となっている。四代目の世宗（在位一四一八―五〇）は女真や倭寇の侵入を防ぎ、内政・外交両面で朝鮮の最盛期を築いた。儒学の奨励やハングル文字での出版など、文化事業にも尽くした。李氏朝鮮の皇帝の衣類は、両肩と正面に五爪の龍の円形模様を織り込んだものを装着することを原則としていた。

また、海洋国家琉球の場合は、中国の冊封体制下にあり、さらに薩摩藩の支配下にあった第二尚氏もしっかりと龍に関する原則を守っていた。廃藩置県により琉球王国は沖縄県となり、首里城は明治政府が接収し、最後の国王である十九代「尚泰王」は東京にその居を移されて華族（侯爵）に列せられた。

王国を象徴する王装束や諸儀式用の道具類は東京に移された。これらの品々は尚氏伝世品として第一級の美術品である。その中に五爪の正装衣装がある。これを「唐御衣裳」といい、中国からの冊封使を迎える際や、元旦など王朝内の重要な公式行事に着用した正装であるという。その衣装の正面に玉を握る五爪の龍が描かれている。また、琉球王の伝世品の中にすばらしい「玉御冠」がある。

なお、この文章をまとめるにあたり『うるまちゅらしま琉球』のなかの文章を一部拝借した箇所もあることを付け加えておく（九州国立博物館　二〇〇六）。

※　　　※

以上が一応のまとめである。なお、本書の編集にあたり、井上賢一氏と前迫亮一氏のお世話になった。明記して謝意を表する。

参考文献一覧

小針計一郎　一九八七「戸隠神社」『日本の神々──神社と聖地　第九巻　美濃・飛騨・信州』白水社
川口龍二　一九八四「箱根神社」『日本の神々──神社と聖地　第一一巻　関東』白水社
荒尾義彦　一九八二『日本歴史地名大系　第八巻　茨城県の地名』平凡社
有馬学監修　二〇〇四『日本歴史地名体系　第四一巻　福岡県の地名』平凡社
安藤清一・五来重編　一九八三『日本歴史地名体系　第三一巻　和歌山県の地名』平凡社より・熊野本宮大社・熊野速玉大社・熊野那智大社を利用。
池畑耕一・池畑雅史　二〇〇八「鹿児島から岡山へ・岡山の神社に寄進された薩摩灯籠」『岡山理科大学埋蔵文化財論集』岡山理科大埋蔵文化財研究会
井上辰雄　一九八四「阿蘇神社」『日本の神々──神社と聖地　第一巻　九州』白水社
牛嶋寿　一九八四「秩父神社」「三峯神社」『日本の神々──神社と聖地　第一一巻　関東』白水社
大塚徳郎・竹内利美　一九八七『日本歴史地名体系　第四巻　宮城県の地名』平凡社
落合重信　一九八四「西宮神社」『日本の神々──神社と聖地　第三巻　摂津・河内・和泉・淡路』白水社
折居正勝　一九八四「筥崎宮」『日本の神々──神社と聖地　第一巻　九州』白水社
川嶋将生　一九八六「八坂神社」『日本の神々──神社と聖地　第五巻　山城・近江』白水社
川野正雄・武田明編　一九八九『日本歴史地名体系　第三八巻　香川県の地名』平凡社
神野喜春　一九八七「三島大社」『日本の神々──神社と聖地　第一〇巻　東海』白水社
姜基洪監修橋洸次著　二〇一一『朝鮮王朝５００年の秘密』二見書房
九州国立博物館編　二〇〇六『うるまちゅら島琉球』九州国立博物館
小林計一郎　一九八七「戸隠神社」『日本の神々──神社と聖地　第九巻　美濃・飛騨・信濃』白水社
下坂守　一九八六「北野天満宮」『日本の神々──神社と聖地　第五巻　山城・近江』白水社

下野敏見　二〇〇六「玉ハベラと古鏡と龍繍胴衣と　——民俗学と考古学の接点からノロ文化を見る——」『鹿児島大学考古学研究室25周年記念論集』鹿児島大学考古学研究室25周年記念論集刊行会
小学館編　二〇〇七『週刊古寺を巡る1　法隆寺』小学館
小学館編　二〇〇七『週刊古寺を巡る5　興福寺』小学館
小学館編　二〇〇七『週刊古寺を巡る6　清水寺』小学館
小学館編　二〇〇七『週刊古寺を巡る7　長谷寺』小学館
小学館編　二〇〇七『週刊古寺を巡る13　平等院』小学館
小学館編　二〇〇七『週刊古寺を巡る14　唐招提寺』小学館
小学館編　二〇〇七『週刊古寺を巡る25　四天王寺』小学館
小学館編　二〇〇七『週刊古寺を巡る27　東本願寺』小学館
小学館編　二〇〇七『週刊古寺を巡る28　大徳寺』小学館
小学館編　二〇〇七『週刊古寺を巡る37　三千院』小学館
小学館編　二〇〇七『週刊古寺を巡る41　萬福寺』小学館
小学館編　二〇〇八『週刊古寺を巡る47　相国寺』小学館
新野直吉　一九八四「出羽三山神社」『日本の神々——神社と聖地　第一二巻　東北・北海道』白水社
瀬谷義彦編　一九八二『日本歴史地名体系　第八巻　茨城県の地名』平凡社
田淵実夫　一九八四「厳島神社」『日本の神々——神社と聖地　第一一巻　山陽・四国』白水社
土井実　一九八五「春日大社」『日本の神々——神社と聖地　第四巻　大和』白水社
奈良文化財研究所編　二〇〇二『奈良の寺——世界遺産を歩く』岩波書店
二河良英　一九八六「熊野本宮大社・熊野那智大社」『日本の神々——神社と聖地　第六巻　伊勢・志摩・伊賀・紀伊』白水社
橋口尚武　一九九三『けやきブックレット9　東京の鷹匠　——鷹狩りの歴史とともに』けやき出版

東四柳史明　一九八五「白山比咩神社」『日本の神々――神社と聖地　第八巻　北陸』白水社
藤井駿　一九八四「吉備津神社」『日本の神々――神社と聖地　第二巻　山陽・四国』白水社
前沢輝政　一九八四「二荒山神社」『日本の神々――神社と聖地　第一一巻　関東』白水社
松本雅明編　一九八五『日本の歴史地名体系　第四四巻　熊本県の地名』平凡社
三崎一夫　一九八四「鹽竈神社」『日本の神々――神社と聖地　第一二巻　東北・北海道』白水社
宮崎市定　一九九三「龍の爪は何本か（初出一九六四）・二角五爪龍について（初出一九六五）」『宮崎市定全集17』岩波書店
森弘子　一九八四「太宰府天満宮」『日本の神々――神社と聖地　第一巻　九州』白水社
守山泰太郎　一九八四「岩木山神社」『日本の神々――神社と聖地　第一二巻　東北・北海道』白水社
矢崎孟伯　一九八七「諏訪大社」『日本の神々――神社と聖地　第九巻　美濃・飛騨・信濃』白水社
大和岩雄　一九八四「鹿島神宮」「香取神宮」『日本の神々――神社と聖地　第一一巻　関東』白水社

初出一覧

第一章　南九州の龍柱について
『鹿児島民具　第25号』鹿児島民具学会　二〇一三

第二章　彩色された南九州の龍について
『想林　創刊号』鹿児島純心女子短期大学　江角学びの交流センター　地域人間科学研究所編　二〇一三

第三章　南九州の木製の龍について……改題南九州の木目の龍について
『想林　第7号』鹿児島純心女子短期大学　江角学びの交流センター　地域人間科学研究所編　二〇一六

第四章　南九州の種々の龍について……一部削除
『郵政考古紀要　第69号』大阪郵政考古学会　二〇一六

第五章　南九州の石製龍について……一部加筆
『鹿児島考古　第46号』鹿児島県考古学会　二〇一六

第六章　全国主要寺院の龍について……新原稿

第七章　全国主要神社の龍について
『民俗文化　第27号』近畿大学民俗研究所紀要　二〇一五

あとがき

鹿児島市に帰ってきたのが一九九三年三月のことであった。すぐに鹿児島民具学会に入り、その年と翌年は甑島の民具調査であった。中甑島の三島神社にとても古い和鏡が保存され、まとめて発表した。翌年は下甑島の民具調査で郷土資料館に収蔵している柄鏡の調査報告を投稿した。この二例から鹿児島では和鏡調査をと目標を立ててみた。ところが、一カ所に数十面の鏡を保存している神社などが多く、一人では無理だと思った。

さて、なにを研究の対象とするか迷っているうちに、三年目の夏、鹿児島神宮の宝物展で写真撮影を行った。振り返ってみると神社の関係者がおり、許可のもと総天然色の龍の写真撮影を行い、これが龍柱《りゅうばしら》であると知った。ここでは吽龍が玉を握っていた。清め場の石製龍の口から清水が流れていた。さらに停車した場所が分社の前で、上ってみると斜めの石の鉢を抱えた大型の石製の龍が常に清水を流していた。そこで初めて石製龍の重要性に気付いた。

龍柱の件について民具学会の関係者に尋ねると、薩摩川内市の新田神社や指宿市の枚聞神社にもあるとの教えを受けた。連絡の上、新田神社に行くとすぐに案内していただいた。阿吽とも玉を握る唯一の龍柱であった。撮影が終わって宮司さんから「建築の立場から龍柱の位置を研究した卒業論文」を拝借し、これが龍柱の研究の重要な文献となった。

枚聞神社では、第二十五代の重豪公（一七四五―一八三三）の長寿を記念した龍柱であった。

霧島神宮では龍柱の撮影ののち清め場の石製龍の苔を落としてみると、そこに三爪の白い玉があって驚く。石製龍の重要性を再確認した。その後は拝借した文献を頼りに大淀川の一つ北の一ツ瀬川以南の龍のある神社の調査を行った。

龍柱は宮崎県の取材を併せて一五例（一カ所だけ寺院）をまとめることとなった。寺社関係者には大変お世話になった。

さらに石製の龍の計測と収集に取り掛かった。鹿児島県内にはその事例が多く、日南市でたった一例の薄削り龍を発見し、その後二例の石製龍が教育委員会から送られてきた。最後には西都市の速川神社の石製龍の取材で四〇例以上のまとめに取り掛かった。

併行して、拝殿の前隅の上半身の阿吽の龍（天然色）をも取材、併せて木製・木目の龍を収集した。

さて、出版となると種々の理由で困難な事情もあり、最後に宮崎市の鉱脈社にお願いすることになった。出版にあたり川口敦己社長の英断に感謝し、その社長さんと社員の皆様に大変お世話になりました。誠にありがとうございました。ここに心から御礼申し上げる次第です。

二〇二一年三月吉日

著者

著者略歴

橋口尚武（はしぐち なおたけ）

経歴

1937年　鹿児島県種子島生まれ
1956年　県立種子島高校を卒業
1960年　日本大学文理学部史学科（考古学専攻）卒業
　　　　同年4月より私立高校に勤務（3年）
1963年　都立高校教諭に任命される。都立農業高校（2年）
1965年　都立三宅高校（9年）
1974年　都立久留米高校（1年）
1975年　全寮制　都立秋川高校（14年）
1989年　都立武蔵村山東高校（10年）
1990年　島根大学文学部非常勤講師（1年）
1995年　私立千葉経済大学非常勤講師（7年）
1997年　千葉大学非常勤講師（6年）
2010年　鹿児島純心女子短期大学非常勤講師（2年）

業績（単行本）

1975年　編著『三宅島の埋蔵文化財』(24万字) 三宅村・伊豆諸島考古学研究会
1983年　単著『坂戸市史――原始古代編――』埼玉県坂戸市
1988年　単著『島の考古学――黒潮圏の伊豆諸島――』東京大学出版会
1991年　共著『海と列島文化7　黒潮の道』小学館
1993年　単著『東京の鷹匠』けやき出版
1999年　編著『海を渡った縄文人――縄文時代の交流と交易――』小学館
2001年　単著『ものが語る歴史5　黒潮の考古学』同成社
2006年　単著『ものが語る歴史11　食の民俗考古学』同成社

業績（論文）

1982年　「栃餅と敲石・台石の事例研究」『賀川光夫先生還暦記念論集』
1986年　「伊豆諸島の考古学」『日本の古代2　列島の地域文化』中央公論社
1987年　「伊豆諸島からみた律令体制の地域的展開」『考古学研究33－4』
1994年　「The Izu Islnds:Their Role in the Historical Development of Ancient Japan」（訳マークハドソン/マリコ・ヤマガタ）『Asian Perspectives』
1996年　「伊豆諸島の海亀漁――その歴史と民俗――」『国分直一博士米寿記念論文集 ヒト・モノ・コトバの人類学』慶友社
1998年　「丹沢・箱根山麓・伊豆地域の石鍬・石包丁・石鎌について」『子ノ神遺跡4』厚木市教育委員会
2007年　「鹿児島県種子島の鏡について」鹿児島地域史研究会
2009年　「中世前期の遠州灘で漂流した薩摩人」鹿児島地域史研究会
2016年　「霧島山系六所権現社と龍について」九州山岳霊場遺跡研究会の既針島大会で紙上発表

みやざき文庫 143

南九州の「龍」
「龍柱」から「石製龍」まで　その諸相と展開

2021年 4 月14日 初版印刷
2021年 4 月20日 初版発行

著　者　橋口　尚武

発行者　川口　敦己

発行所　鉱脈社
宮崎市田代町263番地　郵便番号880-8551
電話0985-25-1758

印　刷
製　本　有限会社　鉱脈社
